NOTICE

SUR

M. L'ABBÉ PIGHON

VICAIRE DE SAINT-RÉMY

AU XVIIIe SIÈCLE

MARTYR DE LA GRANDE RÉVOLUTION

Par M. l'abbé JOUMARD

Desservant de Saint-Rémy.

SE VEND

Au profit de l'œuvre de Notre-Dame de France.

LE PUY

IMPRIMERIE CATHOLIQUE DE J.-M. FREYDIER

Place du Breuil, maison du Télégraphe.

—

1875

NOTICE

SUR

M. L'ABBÉ PIGHON

VICAIRE DE SAINT-RÉMY

AU XVIIIe SIÈCLE

MARTYR DE LA GRANDE RÉVOLUTION

Par M. l'abbé JOUMARD

Desservant de Saint-Rémy.

LE PUY

IMPRIMERIE CATHOLIQUE DE J.-M. FREYDIER
Place du Breuil, maison du Télégraphe.

1875

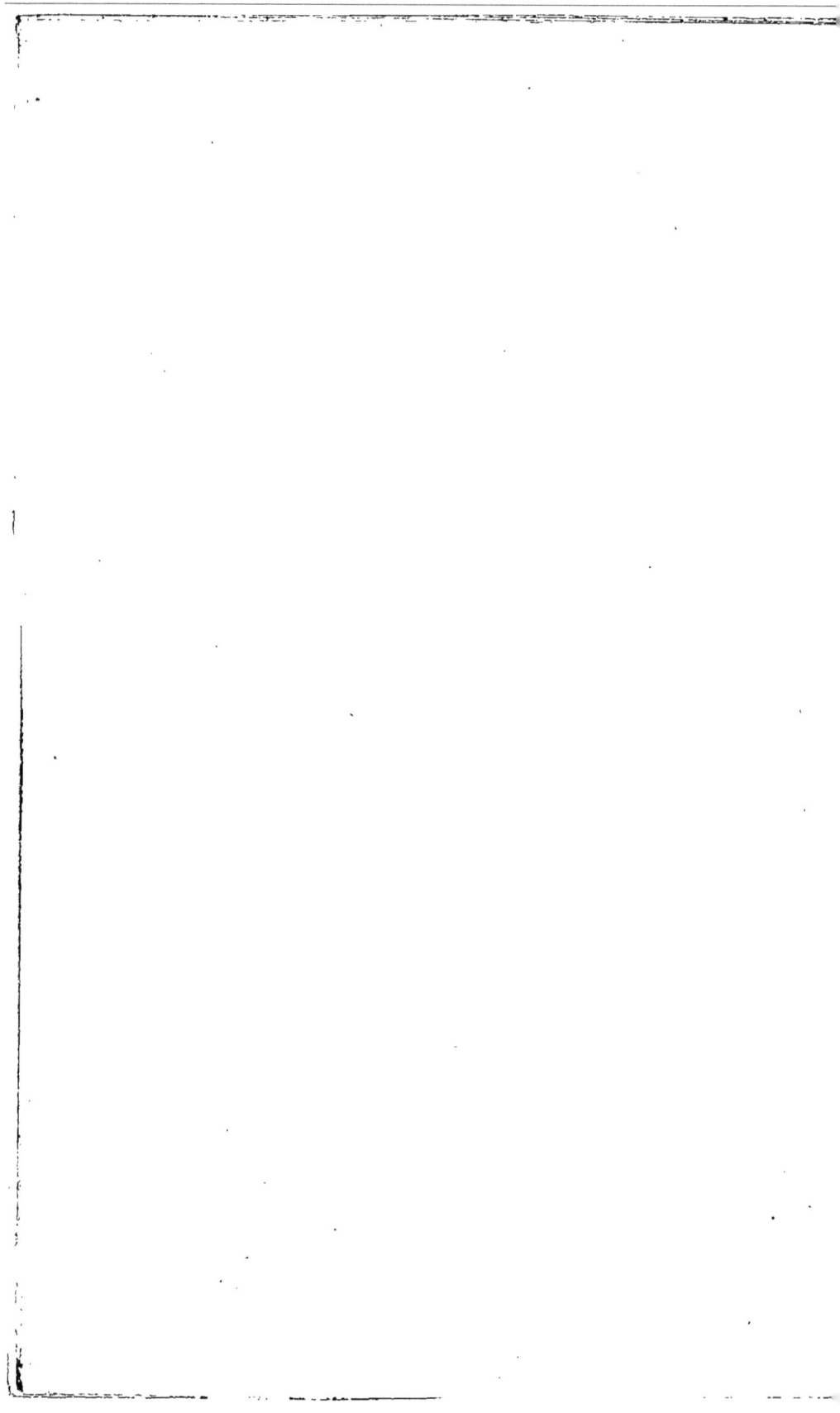

A SA GRANDEUR MONSEIGNEUR L'ÉVÊQUE DU PUY

St-Rémy, le 15 décembre 1874.

Monseigneur,

Dans la pensée que je pourrais faciliter la tâche des savants qui se livrent avec un zèle si louable à la recherche de ce qui peut intéresser l'histoire, contribuer peut-être à l'édification des fidèles, de ceux surtout qui viennent se prosterner aux pieds de M. l'abbé Pighon, martyr de la grande révolution, inhumé à Saint-Rémy, j'ai fait des recherches sur sa vie et j'ai recueilli quelques faits qui me semblent édifiants.

Oserai-je, Monseigneur, présenter à votre Grandeur et la prier d'accepter ce modeste travail? Je serais trop récompensé, si j'avais le bonheur de le voir approuvé et béni par Vous.

Daignez agréer les sentiments du plus profond respect avec lesquels je suis,

Monseigneur,
de Votre Grandeur,
le très-humble et très-obéissant serviteur.

JOUMARD,
Dess. de St-Rémy.

Le Puy, 17 décembre 1874.

Monsieur et cher Curé,

Malgré l'état de souffrances qui m'interdit depuis quelques jours tout travail sérieux, j'ai tenu à lire moi-même en entier votre intéressante et très-édifiante notice sur le martyr de Saint-Rémy, M. Pighon.

J'approuve et bénis ce petit travail, en vous autorisant à le faire imprimer.

Ce pieux essai de votre foi et de votre zèle sacerdotal ne vise pas assurément à de hautes et vastes destinées ; mais il ne peut que faire du bien aux âmes chrétiennes, surtout dans le rayon du canton de Loudes, où le saint prêtre combattit le bon combat.

Recevez, cher Monsieur Joumard, mes bien dévoués sentiments.

† PIERRE,
Évêque du Puy.

PRÉFACE

L'histoire des actions et des souf-frances des martyrs est si intéressante qu'après les livres saints, il n'est pas de lecture plus édifiante et plus profi-table. Aussi de tout temps on en a recueilli les moindres actes avec le plus grand soin. On voit des hommes passibles, conçus dans le péché, nés dans l'iniquité comme nous, et pour-tant si au-dessus de tout ce qui est terrestre, qu'ils n'ont pas hésité à sacrifier biens et vie pour demeurer fidèles au Seigneur. La génération présente n'a guère eu qu'à moissonner, cueillir, tout au plus panser quelques blessures : mais Dieu lui-même prend soin de nous avertir que nous devons nous tenir prêts à passer, nous aussi, par le creuset de l'épreuve : « prœpara animam tuam ad tentationem, » dit l'Esprit saint, Eccl. 2, 1. Je ne sais

pas si nous pourrions mieux nous y
préparer qu'en recueillant quelque
parcelle de la croix de nos pères dans
la foi, ici surtout où les actes emprun-
tent de la proximité des temps et des
lieux une vitalité et un intérêt tout
particuliers. Desservant de cette église
qui respire encore l'odeur des vertus
de M. l'abbé Pighon, nous nous devons
à sa mémoire; pouvant fort peu pour
sa gloire, il est juste que nous ne lui
refusions pas ce peu. En conséquence,
nous donnerons d'abord son origine,
les noms de sa famille, et un aperçu
des qualités et vertus de cette famille;
disant un mot de son frère Charles-
Marie, nous rapporterons quelques
circonstances de la vie de son frère
Jean-François. Quant au martyr, nous
n'avons pas la prétention d'en faire
l'histoire, ce travail serait au-dessus
de nous; mais uniquement de relater
quelques traits qui sont plus particulièrement à notre connaissance, et
dont nous croyons pouvoir garantir
l'authenticité et la véracité : car ils
nous ont été transmis par des témoins

contemporains, oculaires, ou au moins
le tenant de ceux-ci. Nous noterons en
leur lieu et place le nom des princi-
paux; il y a sans doute, même dans ce
modeste travail, de la témérité de notre
part à le tenter : mais si on laisse tout
aux plumes habiles et exercées, elles
ne suffiront pas à la tâche ; une infinité de faits utiles et édifiants resteront
dans l'obscurité et dans l'ombre; d'ailleurs l'imparfait a sa place et son
temps aussi bien que le parfait.

Généalogie de la famille PIGHON.

JEAN PIGHON et MARIE ROUCHON,

de   père et mère   et de

1. Françoise ;

2. Marie ;

3. Marie-Madeleine,
épouse de Grégoire Boissière,
père de Marie-Anne,
épouse de Gabriel Sauvageon,
père de Jacques Sauvageon,
père (a)
de Marie-Annette Sauvageon,
née en 1807, épouse et veuve
de feu Crépin de Loudes ;
et (b)
de Virginie Sauvageon,
mère de Grégoire Farigoules,
vicaire à Freycenet-Lacuche.

4. Jean,
prêtre martyr ;

5. Jean-François,
chanoine de Saint-Paulien ;

6. Marie-Hélène ;

7. Marie-Anne,
épouse de Jean Laurent,
père de Marie,
épouse de Baptiste Barry,
né en 1808,
père de François Barry,
trappiste à Aiguebelle ;

8. Charles-Marie,
choriste de N.-D. du Puy ;

9. Jean-Antoine.

NOTICE

SUR

M. L'ABBÉ PIGHON

Au XVIIIe siècle, le nom de Pighon était fort connu dans le canton de Loudes ; on le trouvait au chef-lieu, à Montagnac, à Pralhac, à la Chazotte, à Beyssac, à Sanssac, à Fontanes, à Chaspuzac, à Coubladour, etc. Chaque famille en particulier était généralement nombreuse, et on est fondé à croire qu'elles avaient la même origine ; car elles s'appelaient réciproquement pour parrains et marraines de leurs enfants.

Au reste, notre but n'est pas de connaître si elles étaient alliées ou parentes, et à quel degré, mais bien de savoir quelle est celle qui donna le jour à M. Jean Pighon, martyr inhumé à Saint-Rémy, d'où elle était originaire et où elle habitait.

A force de recherches, nous avons pu y parvenir et nous pouvons donner comme certain et incontestable que la famille de notre héros chrétien venait de Chaspuzac, où elle possédait l'héritage de ses pères ; mais qu'à la naissance du martyr et à la naissance de ses frères et sœurs elle habitait à Coubladour en qualité de fermiers.

Aimée et respectée, à Chaspuzac, le lieu de sa naissance, où, par sa fortune et ses excellentes qualités, elle tenait, parmi les paysans, un des premiers rangs, elle ne le fut pas moins à Coubladour. Jean Pighon et son épouse Marie Rouchon étaient d'ailleurs si simples et si obligeants qu'on ne pouvait les connaître et les fréquenter sans les aimer. Justement appréciés de leurs maîtres, des amis même du maître, ils eurent bientôt acquis toute leur confiance et leur affection, au point que le moment passé à la ferme était pour ceux-ci un des plus agréables de la journée, et ils surent en donner des preuves bien sensibles : car on vit tour-à-tour demoiselle Reynaud, demoiselle Galien, demoiselle de Charoul, et noble Charles Polaléon de Glavenas du Puy se faire un honneur de présenter aux fonts-baptismaux les enfants du .fermier Pighon. Ces jours-là, disaient les anciens, tout était confondu, seigneurs et paysans. On ne distinguait les messires qu'à l'élégance et à la finesse de leur costume; hors de là, on eût dit la même famille. Dans le public on avait d'yeux que pour demoiselle marraine, laissant flotter sur belle coiffure un large et superbe ruban donné par le parrain vieillard, et pour l'aïeul parrain qui, avec ses cheveux blancs, sa casaque violette, sa longue queue et son foulard pendant jusqu'aux genoux, cadeau de demoiselle marraine, allait, se tournait, se retournait, marchant comme un gentilhomme. Ces sortes de fêtes se renouvelèrent plusieurs fois, car les enfants Pighon furent nombreux, 4 garçons et 5 filles. (Voir la généalogie à la fin de la Préface).

Trois des garçons voulurent se consacrer au Seigneur et le servir dans l'état ecclésiastique; le père et la mère étaient trop pieux pour s'opposer à un si saint désir. Sans doute, dans un domaine aussi vaste que celui de Coubladour, la présence et les services des aînés eussent été bien importants et d'un grand appui, mais ils surent s'en priver, s'imposer même tous les sacrifices exigés par leur éducation. Ainsi la foi triomphe du monde en s'élevant au-dessus de tout ce qui est terrestre.

Le troisième des fils, nommé Charles-Marie et né à Coubladour, le 10 avril 1748, eût voulu suivre ses aînés, et s'il n'eut pas le bonheur de monter à l'autel, il eut au moins celui d'être choriste de Notre-Dame du Puy, où il mourut le 30 septembre, rue Pannessac, et fut inhumé le 1er octobre 1825, comme l'atteste l'extrait de décès, légalisé par le secrétariat de l'Evêché.

Jean-François, le cadet des garçons, naquit à Coubladour, le 21 décembre 1742 ; fort intelligent, il se fit remarquer par ses progrès; aussi, quoique plus jeune, il fut sous-diacre, son frère aîné n'étant qu'acolyte, diacre lorsque celui-ci fut sous-diacre. Jean, supérieur en âge, sut tenir compte de la supériorité de talents et d'ordination de son frère ; car en toute circonstance, il lui cédait les honneurs. Promu aux ordres mineurs en 1764, au sous-diaconat au commencement de 1765, au diaconat en 1766, il fut ordonné prêtre en 1767; il servit sept ans comme prêtre sociétaire de l'église de Loudes, depuis le 5 mai 1768 jusqu'au 1er juillet 1775 (1).

Succédant à M. Berger, il fut vicaire de ladite église pendant trois ans et quelques mois, du 1er juillet 1775 jusqu'au 11 novembre 1778, qu'il eut pour successeur M. Reynier. A partir de ce jour, nous ne le revoyons plus et nous ne pouvons rapporter de lui que ce que la chronique de famille nous en apprend. Elle porte qu'il fut chanoine de l'église de Saint-Paulien, et qu'à l'époque de la révolu-

---

(1) Il n'est fait mention que d'un nommé Jean comme prêtre sociétaire; mais si on confronte les signatures, on reconnait aisément que du 12 novembre 1767 au 7 juin 1768, Jean fut le prêtre sociétaire, et que du 7 juin 1768 au 1er juillet 1775, c'était Jean-François. Jean était d'ailleurs vicaire à Saint-Rémy en 1770 jusqu'à 1781. Les registres de Saint-Rémy pour les années 1768 et 69 s'étant égarés, on ne peut pas positivement constater qu'il y fut vicaire en 1768 et 69, mais tout semble indiquer qu'il y fut nommé en 1768.

tion, il fut déporté au fort de Haem de
Bordeaux, d'où il revint après la mort
de Robespierre. La persécution s'étant
rallumée, il fuit et se cacha jusqu'au
moment où, épuisé de privations et de
fatigues, il s'alita. Les révolutionnaires
eûssent alors voulu le conduire à l'écha-
faud ; mais il était si accablé qu'on le
jugea incapable de supporter le voyage,
même en voiture, et ce fut à son grand
regret, car il enviait ardemment la palme
du martyre. Dans la crainte toutefois
d'une maladie dissimulée , l'autorité
manda deux médecins pour constater
l'état du malade. Ceux-ci attestèrent la
réalité, l'intensité de la fièvre, et on se
borna pour lors à s'assurer de sa personne
en lui donnant des gardes : mais il ne
tarda pas à succomber et à rendre son
âme à Dieu. Il eût pu, en mourant, dire
à son frère, comme saint Xiste au diacre
Laurent : « Je ne vous abandonne pas ;
vous me suivrez sous peu, mais un combat plus violent vous est réservé. »

M. Jean Pighon, frère aîné du susdit
Jean-François, martyr de la grande
révolution, inhumé à Saint-Rémy, canton

de Loudes, naquit à Coubladour, le 18 juillet 1741 ; s'il ne trouva pas dans sa famille des titres de noblesse, il y rencontra l'esprit et les sentiments, et même un certain genre de noblesse ; puisqu'on voit des actes publics où le fermier Pighon est qualifié de messire. Au reste, ce qui lui fut bien plus important et plus utile, il y trouva la piété, y reçut une éducation chrétienne et apprit à servir Dieu dès ses plus tendres années. Ses premières études terminées, il choisit Dieu pour son partage, et entra au grand séminaire. En 1764, il figurait à l'église de Loudes comme acolyte, comme sousdiacre en 1765, comme diacre en 1766, et comme prêtre en 1767. Il servit dans cette église en qualité de prêtre sociétaire jusqu'au 3 mai 1768 qu'il fut nommé vicaire à Saint-Rémy où M. Cortial était curé (1). La signature de M. Pighon figure

(1) M. Cortial remplissait les fonctions de curé de Saint-Rémy depuis le 7 janvier 1747 jusqu'en 1781. Les registres postérieurs à 1781 n'existant pas, on ne peut préciser l'année de sa mort. D'après les renseignements fournis par une nommée Marie Boyer d'Archaud, qui se rappelait comme un songe l'avoir vu, on est fondé à croire

dans les registres jusqu'en 1781 ; les registres subséquents ont disparu. Il est certain cependant que de Saint-Rémy, il fut envoyé vicaire à Bains où la révolution le surprit.

Soit à Saint-Rémy, soit à Bains, M. Pighon fut aimé et vénéré. Il avait de si excellentes qualités, simple, charitable jusqu'à l'excès, si en cela il peut y avoir excès ; doux et humble, il était d'un accès facile, se faisait tout à tous, et avec cette aisance que donne seule la véritable vertu. À ces rares qualités, joignons une foi vive, une ardente piété, et nous ne serons pas surpris que dans ce siècle de foi, il fut de la part des fidèles l'objet d'un véritable culte.

La révolution ne le prit pas au dé-

qu'il mourut de 1783 à 86. Il est probable que M. Pighon fut vicaire de Saint-Rémy jusqu'à sa mort. D'un côté, les deux prêtres étaient trop unis pour vouloir se séparer; de l'autre côté, l'autorité diocésaine n'aurait pas consenti, en changeant son vicaire, à affliger le cœur d'un vieillard si digne de respect, et qui mourut en odeur de sainteté. On vit après sa mort des personnes de paroisses assez éloignées, ceux surtout qui étaient atteints de la fièvre, se rendre à son tombeau, et y trouver sinon la guérison au moins un adoucissement à leurs souffrances.

pourvu, elle le trouva muni de toutes pièces et prêt au combat. Il prit la fuite et se cacha. Ce ne fut pas, comme il le répétait souvent, par crainte de la prison et de la mort, mais pour obéir au divin Maître. Il eût pu dire comme l'apôtre : « la mort est un gain pour moi; » mais elle serait une perte pour ces bonnes âmes rachetées au prix du sang d'un Dieu, et pour qui je voudrais verser jusqu'à la dernière goutte de mon sang. Il le versa, en effet, mais plus tard, après plusieurs années de fatigues, de privations et de dangers.

Quoique errant et fugitif, tantôt en un lieu, tantôt en un autre, il n'oubliait ni Chaspuzac, le lieu de ses ancêtres, ni sa chère paroisse de Saint-Rémy qu'il visitait souvent et où il était reçu comme un ange descendu du Ciel. Il est juste, ce nous semble, de noter ici les maisons que nous savons lui avoir donné l'hospitalité. A Saint-Rémy, c'était la maison Rocher, où, seul, il avait entrée. A la Bouche, il se retirait chez Fabre qui recevait aussi M. Filaire, décédé, curé à Saint-Jean-de-Nay, et M. Veysseire que nous ne connaissons que de nom. On voit encore à la maison Fabre la cachette des fidèles soldats du Christ et l'appartement où ils administraient les sacrements. A Ver- gezac, la maison Chémey (1) le voyait revenir avec joie. A Archaud, il était accueilli par Gardès dit Vinçou, et Jou- bert dit Bondit. Il y célébrait parfois les saints mystères, y administrait les sacre- ments. Une fois entre autres, il baptisa à la maison Joubert cinq nouveaux-nés (2). A Coucouret, il se réfugiait chez Raveyre, où nous le trouverons pour la dernière fois.

M. Pighon faillit plusieurs fois tomber entre les mains de ses ennemis. D'abord à Chaspuzac dans la maison paternelle (3). Étant un jour au grenier occupé à faire des paniers, sans doute, pour se distraire, et peut-être aussi, comme Saint-Paul, pour être moins à charge aux fidèles,

(1) Chémey n'est que le nom de maison.

(2) Noms de quatre des baptisés : 1° Catherine Barry d'Archaud ; 2° Pierre Farigoules, né à Archaud; 3° François Ponsonet, né à Driode (Sanssac); 4° Marie, née à Vourzac (Sanssac).

(3) Il n'y a qu'une vingtaine d'années qu'Honoré Barry, son petit neveu, a vendu cette maison.

car, dépouillé de son patrimoine que la justice vendit aux enchères, propriété qui porte encore le nom de Côte-de-Pighon, (1) il n'avait d'autre ressource que la charité ; étant donc ainsi occupé, il vit par la lucarne une compagnie de patriotes armés venir à lui, le maire en tête avec son écharpe tricolore ; descendant en toute hâte au fond de l'escalier où était sa cachette, il n'était pas encore blotti dans sa niche que le maire ouvre la porte et l'aperçoit. Heureusement, c'était un de ces patriotes extérieurement fougueux, exaltés, de taille même à en imposer à une province, mais intérieurement bons, religieux et catholiques. Le maire s'adossa à la cachette et dit à ses gens : allez, montez, furetez partout, en attendant je ferai sentinelle ici, et si le calottin descend, je m'en charge. Ce maire s'appelait Etienne Eyraud. Honneur à cet homme de foi ! (2).

(1) Une indemnité de deux mille francs fut allouée par l'État aux héritiers, après la révolution.

(2) A partir de ce jour, nous ne voyons plus les patriotes à la poursuite de M. Pighon. Ce sont les gendarmes.

Le même danger l'attendait plus tard à Vergezac; protégé par les ténèbres de la nuit, il se dirigea de ce côté où probablement il était attendu et l'appelait son ministère. Comme de coutume, il se rendit à la maison Chémey; à peine était-il entré que les gendarmes eurent investi la maison et forcé la porte d'entrée. Aussi prompt que la colombe poursuivie par l'oiseau de proie, M. Pighon fut en un clin d'œil dans sa cachette. Les gendarmes mirent tout sens dessus-dessous; mais inutilement. C'était une de ces cachettes qu'on ne devine pas. Ils eurent beau recourir au moyen si puissant des pharisiens, jeter leur bourse sur la table et l'offrir à qui le découvrirait, ce fut sans succès. La cachette n'était connue que de la famille et la présence du bon prêtre était pour elle ce qu'était jadis pour la maison de Lazare la présence du divin Maître. Tout l'or du monde n'eût pu les séduire; toutefois, ce fut pour l'homme de Dieu une heure de terrible angoisse, non à raison de sa personne, car, comme il le dit lui-même : il ne craignait ni la prison ni la mort; mais à cause de la famille qu'il compromettait (1); peu s'en fallut, en entendant les blasphèmes et les menaces des gendarmes, qu'il ne sortit de sa cachette et ne leur dit : puisque c'est moi que vous cherchez, me voici : laissez ceux-ci (2). Dieu ne le permit pas, son heure n'était pas venue; il avait encore des guérisons à opérer, ses disciples à fortifier, des unions à bénir. Il eût pu dire : il faut que je marche aujourd'hui et demain, le troisième jour, je serai consommé.

Entre le danger couru à Vergezac et l'arrestation, il y eut un certain laps de temps; mais nous en ignorons la distance, ainsi que la direction qu'il prit, les courses apostoliques qu'il fit, et les nouveaux dangers qu'il courut dans cet intervalle. Ce qu'il y a de certain et d'incontestable,

(1) La famille Chémey n'était pas nombreuse, le mari, la femme et une fille. Le mari fut un jour si maltraité par les patriotes d'une commune qu'il mourut quelque temps après.

(2) Ces détails nous ont été fournis par Victoire Theissier femme Robert de Saint-Rémy, et confirmés par Colombe Robert, veuve Civeyrac, petite-fille des Chémey, demeurant actuellement à Lissac.

c'est qu'il fut arrêté à Coucouret, dans la maison Raveyre, où, depuis près d'un mois, il était attendu pour une bénédiction nuptiale. La veille du jour néfaste, vers l'heure de minuit, il partit de Chaspuzac, accompagné de son neveu par alliance, Baptiste Barry. Ils avaient eu la précaution d'envelopper de drap les pieds du cheval. Le long du chemin, pas la moindre alerte, partout un morne silence ; la nature semblait dormir d'un profond sommeil. Arrivé à Archaud, il renvoya son neveu et le cheval, et se rendit seul à Coucouret. Connaissant parfaitement toutes les issues, il entra dans la maison pour ainsi dire à la manière des esprits. Sans perdre une minute, il s'occupa de son ministère qu'il remplit avec une ferveur et une dévotion surprenantes ; il confessa, bénit le mariage, célébra le saint Sacrifice, nourrit les époux et presque toute la famille du pain des anges (la veille de sa mort, Jésus-Christ fit la cène à ses disciples). Demi-heure après, n'ayant pas encore terminé ses prières d'action de grâce, les gendarmes forçaient la porte et se saisissaient du disciple de Jésus-Christ qui, arrêté, n'opposa aucune résistance, et à l'exemple du divin Maître se laissa prendre et conduire comme un agneau. Ce fut pour la famille Raveyre un coup de foudre ; aussi, prières, larmes, supplications, offres même considérables d'argent, tout fut employé pour obtenir sa délivrance, mais inutilement. Les satellites étaient de ceux qui sont inaccessibles à la compassion et dont la soif ne se désaltère que dans le sang du juste.

Les gendarmes d'ailleurs ne s'amusèrent ni à discuter ni à convenir : ils partirent promptement et s'évadèrent comme des malfaiteurs ; s'ils étaient fiers de leur capture, ils n'étaient pourtant pas sans appréhension et sans inquiétude. Leur crainte était fondée, car à peine étaient-ils sortis du village, et la nouvelle répandue, que les habitants de Coucouret, s'armant de ce qui était sous la main, couraient à leur poursuite. Pour obtenir des renforts, deux vertueuses filles Jeanne-Marie et Marie-Anne Raveyre (1)

(1) Elles se consacrèrent plus tard à l'éducation de l'enfance.

montèrent à cheval, et passant chacune
de son côté, elles furent annoncer la triste
nouvelle aux villages de la paroisse de
Saint-Rémy et de Bains.

Quant aux gendarmes, ils prirent un
chemin détourné, un sentier peu fré-
quenté, se glissant derrière les maisons
comme des larrons. Forcés de traverser le
communal d'Archaud, ils le firent à la
volée, et feignirent de prendre le chemin
de la Bauche, comme s'ils eussent eu en
vue le château du Thiolent au lieu de
celui de Barret. Leurs stratagèmes et leur
agilité ne purent les dérober. Ils furent
aperçus à Archaud par trois ou quatre
personnes (1) qui le divulguèrent à l'instant même sans les perdre de vue. M.
Pighon était au milieu des gendarmes :
il avait un habit long de couleur violette,
un bâton à la main. Au bout d'une cen-
taine de pas, ils laissèrent le chemin de la
Bauche pour aller à travers les champs.
Arrivés au vallon, ils descendirent au
pré appartenant aujourd'hui à Florentin

(1) Notamment par Marie Boyer, veuve Dufond,
décédée en odeur de sainteté, le 12 avril 1873, à
l'âge de 88 ans.

Gardès de la Bauche, montèrent au
champ et paccage de Dussap de Saint-
Rémy, et croisant la route du Puy, ils
entrèrent au champ de M. Rocher, croisant encore la voie Romaine dite Bolène,
ils sautèrent au champ de Gevolde derrière la maison dite vicairie (1). Oh !
quel glaive de douleur que la vue de
cette maison où naguère il vivait si honoré et si content. Quelle tristesse pour
son âme en pensant à ces beaux jours
où les fidèles de tout âge et de toute
condition venaient l'assiéger dans son
humble demeure, déposer à ses pieds
leurs peines, leurs afflictions, leurs blessures, afin de recevoir de sa bouche une

(1) Si, au lieu de toutes ces évolutions, tours,
détours, montées, descentes, escalades de murs,
les gendarmes avaient pris et suivi le chemin
direct de Coucouret à Barret, ils eussent été hors
d'atteinte : car ils abrégeaint leur trajet de 20
minutes à demi-heure et allongeaient celui de
la foule d'un bon quart d'heure. Arrivés à Barret,
ils présentaient le prisonnier au baron de l'Estrade
qui se trouvait l'ami intime de M. Pighon depuis
longues années. Il l'eût assurément fait relâcher,
les hommes s'en seraient réjouis : mais le ciel
eût eu un martyr, et la terre un protecteur de
moins. Rien n'arrive sans la permission de Dieu,
et Dieu ne pèse que le salut et la gloire de ses
élus.

parole d'encouragement, de consolation, un bon conseil, un avis charitable. Il n'y avait pas jusqu'au vieux curé Cortial qui, l'aimant comme son fils, n'y vînt et ne semblât pour ainsi dire rajeunir en sa compagnie et se décharger en partie du poids de ses ans et de ses infirmités. Quelle différence entre cet heureux temps et l'heure présente où il est traité comme un scélérat; si au moins, on lui eût donné une minute pour prendre haleine, jeter un regard et dire un dernier adieu, un adieu éternel à sa chère vicairie, à son petit jardin, à cette place sanctifiée par la récitation de son bréviaire et de son chapelet, on ne lui donna même pas une seconde. Les gendarmes, sentant la foule à leur poursuite, voyant déjà brandir les fourches en fer (1) ne marchaient plus, ils volaient; deux d'entre eux traînaient

(1) M. Portal, curé décédé à Chazelles, canton de Pinols, âgé alors de 15 ans, faisait partie de la foule et était armé d'une fourche en fer. Ses parents, originaires de Bains, étaient à cette époque fermiers au village d'Alentin, paroisse de Saint-Rémy. Nous tenons ces détails et plusieurs de ceux que nous rapportons de la bouche dudit curé Portal.

la victime, un troisième l'aiguillonnait de son sabre, répétant sans cesse le cri de mort. En quelques minutes, ils furent au paccage et à l'arbre (1) où la victime fut achevée.

Si les gendarmes tenaient au prisonnier et voulaient à tout prix le conduire au Puy et le livrer à la justice, leur intention n'était pas d'abord de lui donner la mort de leur propre autorité, mais se voyant investis de toute part, ils ordonnèrent à M. Pighon de faire signe à la foule de se retirer. Celui-ci obéit à l'instant même ; malheureusement, en brandissant sa canne, la lance se sépara du fourreau, et un des gendarmes le voyant armé, ce dont ils ne se doutaient pas, lui ôta la lance et la lui enfonça au cœur (2).

(1) Tous s'accordent à dire que M. Pighon fut immolé au pied d'un arbre, mais on est divisé au sujet de l'arbre. Généralement on pense que le vrai arbre n'existe plus. Cependant le père Dussap, de Saint-Rémy, âgé de 70 ans, croit que c'est celui qu'on y voit encore.

(2) La lance existe, elle est chez un particulier de Sanssac ; nous l'avons vue, nous l'avons même demandée pour la placer à l'église de Saint-Rémy ; mais la regardant comme une relique, on ne veut pas s'en dessaisir.

2**

En voyant tomber la victime et les gendarmes fuir au bois de Barret, un soudain frémissement saisit tous les cœurs, la stupeur et la consternation étaient peintes sur tous les fronts. Il y eut un moment de panique et de morne silence. Revenus à eux, les uns étaient exaspérés et ne rêvaient que vengeance. Dans ce dessein, une quinzaine de jeunes gens furent attendre les gendarmes à Crouset ; (1) ils durent s'y rencontrer avec les habitants de Bains qui s'y étaient rendus pour livrer un second assaut en cas que ceux de Saint-Rémy échouassent au premier. En attendant la foule se dispersa, les larmes aux yeux ; un grand nombre se frappant la poitrine, comme s'ils eûssent été coupables, car ils comprirent après coup le sens du signal donné par le martyr, et ils se repentaient de leur précipitation.

Deux femmes et un homme nommé

_____

(1) Ils ignoraient la maxime de l'Evangile : *orate pro persequentibus et calumniantibus vos.* Ils ne se rappelaient pas en ce moment que les anciens martyrs embrassaient leurs bourreaux, leur faisaient des cadeaux comme à leurs meilleurs amis.

Jean Beraud de Fontanes, maison Por-
tail, de la paroisse de Chaspuzac, alors
locataire à Archaud, furent porter secours
à la victime. Ayant extrait la lance, et
voyant le sang jaillir en abondance, une
femme ferma l'ouverture de la plaie avec
son mouchoir. Le saint prêtre jouissait
d'une parfaite présence d'esprit, et répétait sans cesse les doux noms de Jésus,
de Marie et de Joseph ; voyant qu'on se
disposait à l'emporter, il les pria de le
laisser mourir à l'endroit. Nos gens durent alors être fort embarrassés ; ils ne
voulaient pas le laisser mourir au milieu
d'un paccage et sans secours, ils tenaient
à l'ensevelir à Saint-Rémy, et pourtant
ils craignaient en l'emportant, après la
mort, d'être inquiétés par la justice ;
d'autre part, ils le respectaient trop pour
contrarier ses désirs. Que se passa-t-il
alors ? Probablement, M. Pighon s'a-
perçut de leur peine, et bon jusqu'à la
mort, il consentit, malgré l'atrocité de ses
douleurs, à ce qu'on le portât à Saint-
Rémy où d'ailleurs, pendant sa vie, il
avait maintes fois manifesté le désir de
mourir et d'être enterré près de son curé

Cortial. Ils l'emportèrent donc, et, arrivés à Saint-Rémy, ils le déposèrent encore vivant à la terrasse du presbytère où il ne tarda pas à expirer. Ce ne fut pas près, mais au tombeau même de M. Cortial qu'il fut inhumé. Il était loin, lorsque, vicaire à Saint-Rémy, il faisait creuser la tombe de M. Cortial et en bénissait le cercueil, de penser que, quelques années plus tard, il y serait déposé lui-même, et cela sans autre appareil et cérémonies que les larmes et les regrets de ses premiers et chers paroissiens.

Huit jours après, la justice se rendit sur les lieux pour constater la mort, le genre de mort et la sépulture du martyr. À cette occasion, il est une légende que nous avions souvent entendu raconter et par des personnes différentes, mais n'y voyant qu'une croyance populaire et vague, nous n'y ajoutions pas foi. Le témoignage précis et positif qui nous survient ne nous permet plus de demeurer indifférent. Nous nous croirions repréhensibles, si, par crainte de la critique, nous passions sous silence un fait si important. C'est un de ces faits palpables qui res-

tent gravés dans la mémoire et qu'un
père de famille se plait à raconter à ses
enfants, comme étant pour eux une source
de bénédictions. L'auteur de l'histoire
l'avait vue, et il était bien à portée de
voir et d'entendre, puisque, en sa qualité
de sonneur, il avait été requis par la
justice pour exhumer le cadavre. Le corps
exhumé, un des gendarmes eut l'inso-
lence (1) de pointer de son sabre les
lèvres du défunt. Celui qui vivant était
muet et sans défense put parler mort et
sut protester d'une voix assez forte pour
être entendue des assistants, des curieux
qui s'y étaient rendus en assez grand
nombre ; il dit au téméraire : Laisse-moi !
tu n'es pas digne de me toucher.... On
devine l'effroi et la pâleur du coupable,
la retraite précipitée de la justice et du
public. Les portes du cimetière furent
trop étroites. Les uns s'évadèrent par la
terrasse du presbytère, les autres escala-
dèrent les murs. Il ne resta près du défunt

_____

(1) Le gendarme était connu de plusieurs anciens ; on nous a donné son nom, mais nous
n'en avons plus le souvenir. Sa carrière fut péni-
ble et il fit une triste fin.

que le sonneur et son fils. Le père s'appelait François Jubelin, le fils Jean-Claude. François dit à Jean-Claude : « Aide-moi, mon fils, et nous ensevelirons de nouveau le saint martyr. » Jean-Claude est décédé le 10 avril 1845, âgé de 70 ans, sous notre prédécesseur d'heureuse mémoire, M. Allemand. Jean-Claude avait 24 ou 25 ans lors de l'exhumation de M. Pighon, et il racontait ce qui précède à sa petite fille et filleule Virginie Gevolde, âgée de 20 ans, lors du décès de son aïeul.

A un kilomètre environ de l'endroit où M. Pighon cueillit la palme du martyre, se trouve un vieux manoir qui disparaît sous l'ombre d'un bois et des arbres séculaires qui bordent les allées. On voit aux pieds de la montagne et près l'habitation, jaillir des sources abondantes qui arrosent de vastes et riches prairies. A l'époque de la révolution, le baron et général de l'Estrade, homme plus recommandable encore par ses sentiments religieux que par sa noblesse et ses campagnes, en était propriétaire et y résidait. La porte du château était ouverte à tous, grands et petits. M. Pighon y passait de précieux moments quoique à la dérobée. Les gendarmes eux-mêmes après leur sanglante expédition redoutant, et avec raison, une surprise et une terrible vengeance de la part de la foule, y furent chercher un refuge et rapporter leurs tristes exploits ; en les entendant, le baron ne put s'empêcher de s'écrier : « Ah ! malheureux, qu'avez-vous fait ? vous avez tué le meilleur de mes amis. » Fort mal accueillis, comme on peut le penser, ils partirent, et au lieu de prendre le chemin du Puy, ils passèrent par Saint-Vidal, la Cussole, le mont Anis et rentrèrent au Puy par le pont d'Estrouilac.

Glorieux Saint-Rémy, patron de cette paroisse, père spirituel et ange tutélaire du premier roi chrétien , compagnon inséparable de Notre Dame du Rosaire, de Saint-Michel archange, des saints anges gardiens, jetez du haut du ciel, nous vous en prions, un regard sur cette petite paroisse qui, seule dans ce diocèse, s'honore de porter votre nom : elle gémit pour sa fidélité et son dévouement à votre

culte. Voyez son humiliation, son afflic-
tion.

Ah! de concert avec la Vierge noire
du mont Anis, Notre-Dame du Rosaire,
de Lourdes, Saint-Michel archange, les
saints anges gardiens, et tous les saints
et saintes du Paradis, couvrez cette
paroisse et ses habitants de votre puissante protection. Frappez, nous vous en
conjurons, à la porte du très-saint Cœur
de Jésus, et obtenez-nous une douce pluie
de bénédictions qui pénètre et attendrisse
le cœur de ceux qui ne nous aiment pas.
Ainsi soit-il!

PRIÈRE DU MATIN

La prière du matin est un devoir que Dieu exige comme les prémices de la journée. Avec quelle religion doivent-elles lui être consacrées? De la fidélité à remplir ce premier devoir dépend tout le succès des actions du reste du jour. Ce serait risquer infiniment que de le commencer sans avoir demandé à Dieu les secours de sa grâce, et sans l'avoir remercié du repos de la nuit : ne lui refusez jamais ce double tribut.

Mais, avant de prier, rappelez-vous un moment à vous-même. Concevez et ce que vous êtes, et ce qu'est le Dieu devant qui vous êtes : vous comprendrez sagement l'importance de l'action que vous allez faire, et les sentiments d'humilité, de regret de vos fautes, de respect, d'attention, de modestie, de ferveur, d'amour et de confiance, avec lesquels vous devez toujours la faire.

Ce sont les dispositions intérieures et extérieures avec lesquelles il faut traiter avec Dieu dans la prière.

† In nomine Patris, et Filii, et Spiritûs sancti. Amen.

Benedicta sit sancta atque individua Trinitas, nunc et semper, et per infinita sæcula sæculorum. Amen.

Mettons-nous en la présence de Dieu, adorons son saint Nom.

Très-sainte et très-auguste Trinité, Dieu seul en trois personnes, je crois que vous

êtes ici présent. Je vous adore avec les sentiments de l'humilité la plus profonde, et vous
rends de tout mon cœur les hommages qui
sont dus à votre souveraine Majesté.

*Remercions Dieu des grâces qu'il nous a faites,
et offrons-nous à lui.*

Mon Dieu, je vous remercie très-humblement de toutes les grâces que vous m'avez
faites jusqu'ici. C'est encore par un effet de
votre bonté que je vois ce jour; je veux
aussi l'employer uniquement à vous servir.
Je vous en consacre toutes les pensées, les
paroles, les actions et les peines. Bénissez-
les, Seigneur, afin qu'il n'y en ait aucune
qui ne soit animée de votre amour, et qui
ne tende à votre plus grande gloire.

*Formons la résolution d'éviter le péché et de
pratiquer la vertu.*

Adorable Jésus, divin modèle de la per-
fection à laquelle nous devons aspirer, je
vais m'appliquer autant que je le pourrai à
me rendre semblable à vous, docile, humble,
chaste, zélé, patient, charitable et résigné
comme vous. Et je ferai particulièrement
tous mes efforts pour ne pas retomber aujourd'hui dans les fautes que je commets si
souvent, et dont je souhaite sincèrement de
me corriger.

Demandons à Dieu les grâces qui nous sont nécessaires.

Mon Dieu, vous connaissez ma faiblesse. Je ne puis rien sans le secours de votre grâce. Ne me la refusez pas, ô mon Dieu! proportionnez-la à mes besoins; donnez-moi assez de force pour éviter le mal que vous défendez, pour pratiquer tout le bien que vous attendez de moi, et pour souffrir patiemment toutes les peines qu'il vous plaira de m'envoyer.

ORAISON DOMINICALE.

* Notre Père, etc.

SALUTATION ANGÉLIQUE.

* Je vous salue, etc.

SYMBOLE DES APOTRES.

Je crois en Dieu, etc.

CONFESSION DES PÉCHÉS.

* Je confesse à Dieu tout-puissant, etc.

Invoquons la sainte Vierge, notre bon Ange et notre saint Patron.

Sainte Vierge, Mère de mon Dieu, ma mère et ma patronne, je me mets sous votre protection et je me jette avec confiance dans le sein de votre miséricorde. Soyez, ô Mère de bonté! mon refuge dans mes besoins, ma consolation dans mes peines et mon avocate auprès de votre adorable Fils, aujourd'hui, tous les jours de ma vie, et particulièrement à l'heure de ma mort.

Ange du ciel, mon fidèle et charitable guide, obtenez-moi d'être si docile à vos inspirations, et de régler si bien mes pas, que je m'écarte en rien des commandements de mon Dieu.

Grand Saint, dont j'ai l'honneur de porter le nom, protégez-moi, priez pour moi, afin que je puisse servir Dieu comme vous sur la terre, et le glorifier éternellement avec vous dans le Ciel. Ainsi soit-il.

L'Ange du seigneur annonça à Marie qu'elle serait Mère de Dieu, et elle conçut par la vertu du Saint–Esprit.	*Angelus Domini nuntiavit Mariæ et concepit de Spiritu Sancto.*
Je vous salue, Marie, etc.	*Ave, Maria, etc.*
Voici la servante du Seigneur, qu'il me soit fait selon votre parole.	*Ecce ancilla Domini, fiat mihi secundùm verbum tuum.*
Je vous salue, Marie, etc.	*Ave, Maria, etc.*
Et le Fils de Dieu s'est fait homme, et il a habité parmi nous.	*Et Verbum caro factum est, et habitavit in nobis.*
Je vous salue, Marie, etc.	*Ave, Maria, etc.*

℣. Priez pour nous, sainte Mère de Dieu.

℟. Afin que nous soyons rendus dignes des promesses de N. S. J.-C.

℣. *Ora pro nobis, sancta Dei Genitrix.*

℟. *Ut digni efficiamur promissionibus Christi.*

PRIONS.

Nous vous prions, Seigneur, de répandre votre grâce dans nos âmes, afin qu'ayant connu, par la voix de l'Ange, l'incarnation de Jésus-Christ, votre Fils, nous arrivions, par les mérites de sa passion et de sa croix, à la gloire de sa résurrection. Par le même J.-C. N. S.

℟. Ainsi soit-il.

OREMUS.

Gratiam tuam quæsumus, Domine, mentibus nostris infunde, ut qui Angelo nuntiante, Christi Filii tui incarnationem cognovimus, per passionem ejus et crucem, ad resurrectionis gloriam perducamur. Per eumdem Christum Dominum nostrum.

℟. *Amen.*

LITANIES DU SAINT NOM DE JÉSUS

Seigneur, ayez pitié de n.
Jésus-Christ, ayez pitié de nous.
Seigneur ayez pitié de n.
Jésus-Christ, écoutez-n.
Jésus-Christ, exaucez-n.
Père céleste, qui êtes Dieu, ayez pitié de n.

Kyrie, eleïson.
Christe, eleïson.

Kyrie, eleïson.
Jesu, audi nos.
Jesu, exaudi nos.
Pater de cœlis, Deus, miserere nobis.

Fils Rédempteur du monde, qui êtes Dieu,	*Fili, Redemptor mundi Deus,*
Saint-Esprit, qui êtes Dieu,	*Spiritus sancte Deus,*
Sainte Trinité, qui êtes un seul Dieu,	*Sancta Trinitas, unus Deus,*
Jésus, Fils du Dieu vivant,	*Jesu, Fili Dei vivi,*
Jésus, splendeur du Père,	*Jesu, splendor Patris,*
Jésus, éclat de la lumière éternelle,	*Jesu, candor lucis æternæ,*
Jésus, Roi de gloire,	*Jesu, Rex gloriæ,*
Jésus, soleil de justice,	*Jesu, sol justitiæ,*
Jésus, Fils de la Vierge Marie,	*Jesu, Fili Mariæ, Virginis,*
Jésus aimable,	*Jesu, amabilis,*
Jésus admirable,	*Jesu, admirabilis,*
Jésus, Dieu fort,	*Jesu, Deus fortis,*
Jésus, père du siècle à venir,	*Jesu, Pater futuri sæculi,*
Jésus, ange du grand conseil,	*Jesu, magni consilii Angele,*
Jésus, très-puissant,	*Jesu, potentissime,*
Jésus, très-patient,	*Jesu, patientissime,*
Jésus, très-obéissant,	*Jesu, obedientissime,*
Jésus, doux et humble de cœur,	*Jesu, mitis et humilis corde,*
Jésus, ami de la chasteté,	*Jesu, amator castitatis,*
Jésus, tout amour pour nous,	*Jesu, amator noster,*
Jésus, Dieu de la paix,	*Jesu, Deus pacis,*
Jésus, auteur de la vie,	*Jesu, auctor vitæ,*
Jésus, modèle des vertus,	*Jesu, exemplar virtutum,*

Ayez pitié de nous.

Miserere nobis.

Jésus, plein de zèle pour le salut des âmes,	Jesu, zelator animarum,
Jésus, notre Dieu,	Jesu, Deus noster,
Jésus, notre refuge,	Jesu, refugium nostrum,
Jésus, père des pauvres,	Jesu, pater pauperum,
Jésu;, trésor des fidèles,	Jesu, thesaurus fidelium,
Jésus, bon pasteur,	Jesu, bone pastor,
Jésus, vraie lumière,	Jesu, lux vera,
Jésus, sagesse éternelle,	Jesu, sapientia æterna,
Jésus, bonté infinie,	Jesu, bonitas infinita,
Jésus, notre voie et notre vie,	Jesu, via et vita nostra,
Jésus, joie des Anges,	Jesu, gaudium Angelorum,
Jésus, roi des Patriarches,	Jesu, rex Patriarcharum,
Jésus, maître des Apôtres,	Jesu, magister Apostolorum,
Jésus, docteur des Evangélistes,	Jesu, doctor Evangelistarum,
Jésus, force des Martyrs,	Jesu, fortitudo Martyrum,
Jésus, lumière des Confesseurs,	Jesu, lumen Confessorum,
Jésus, pureté des Vierges,	Jesu, puritas Virginum,
Jésus, couronne de tous les Saints,	Jesu, corona Sanctorum omnium,
Soyez-nous propice, pardonnez-nous, Jésus,	Propitius esto, parce nobis, Jesu.

Ayez pitié de nous.

Miserere nobis.

Soyez-nous propice . exaucez-nous, Jésus.	*Propitius esto, exaudi nos, Jesu.*
De tout mal,	*Ab omni malo,*
De tout péché,	*Ab omni peccato,*
De votre colère,	*Ab ira tua,*
Des piéges du démon,	*Ab insidiis diaboli ,*
De l'esprit d'impureté,	*A spiritu fornica- tionis,*
De la mort éternelle,	*A morte perpetuâ,*
Du mépris de vos inspi- rations,	*A neglectu inspiratiò- num tuarum,*
Par le mystère de votre incarnation,	*Per mysterium sanctæ incarnationis tuæ,*
Par votre naissance,	*Per nativitatem tuam,*
Par votre enfance,	*Per infantiam tuam,*
Par votre vie toute divine,	*Per divinissimam vitam tuam,*
Par vos travaux,	*Per labores tuos,*
Par votre agonie et par votre passion,	*Per agoniam et passionem tuam,*
Par votre croix et par votre délaissement,	*Per crucem et de- relictionem tuam,*
Par vos langueurs,	*Per langores tuos,*
Par votre mort et par votre sépulture,	*Per mortem et sepul- turam tuam,*
Par votre résurrection,	*Per resurrectionem tuam,*
Par votre ascension,	*Per ascensionem tuam,*
Par vos joies,	*Per gaudia tua,*
Par votre gloire,	*Per gloriam tuam,*
Par la très-douce Vierge Marie, votre Mère,	*Per dulcissimam Vir- ginem Mariam , Matrem tuam,*

Délivrez-nous, Jésus.

Libera nos, Jesu.

Agneau de Dieu, qui effacez les péchés du monde, pardonnez-n., Jés.

Agneau de Dieu, qui effacez les péchés du monde, exaucez-n., Jésus.

Agneau de Dieu, qui effacez les péchés du monde, ayez pitié de nous, Jésus.

Jésus, écoutez-nous.

Jésus, exaucez-nous.

Agnus Dei, qui tollis peccata mundi, parce nobis, Jesu.

Agnus Dei, qui tollis peccata mundi, exaudi nos, Jesu.

Agnus Dei, qui tollis peccata mundi, miserere nobis, Jesu.

Jesu, audi nos.

Jesu, exaudi nos.

PRIONS.

Seigneur Jésus-Christ, qui avez dit : *Demandez, et vous recevrez ; cherchez et vous trouverez ; frappez, et l'on vous ouvrira ;* nous vous prions de nous donner les sentiments affectifs de votre amour tout divin, afin que nous vous aimions de tout notre cœur ; que cet amour paraisse par nos paroles et actions, et que nous ne cessions jamais de vous louer, vous qui, étant Dieu, vivez et régnez avec le Père et le Saint-Esprit dans tous les siècles des siècles.

Ainsi soit-il.

OREMUS.

Domine Jesu Christe, qui dixisti : Petite et accipietis, quærite et invenietis, pulsate et aperietur vobis ; quæsumus, da nobis petentibus divinissimi tui amoris affectum, ut te toto corde, ore et opere diligamus, et à tua nunquàm laude cessemus, qui cum Patre et Spiritu Sancto vivis et regnas, Deus, per omnia sæcula sæculorum. Amen.

3**

PRIÈRE DU SOIR

—

S'il est important de bien commencer la journée, il ne l'est pas moins de la bien finir ; les grâces nouvelles que Dieu nous a accordées pendant le jour et la protection dont nous avons besoin pour passer la nuit sans dangers sont de nouveaux motifs de prier Dieu, et de le prier avec les dispositions que l'on a déjà marquées.

L'examen du soir, qu'on doit regarder comme un des plus importants devoirs de la vie chrétienne, fait la partie principale de ce dernier exercice de la journée. On en a la méthode dans les actes suivants : Présence de Dieu, Remercîment, Demande, Recherche, Douleur, Bon propos.

Au reste, les bénédictions sensibles que Dieu répand sur les familles où les prières se disent en commun doivent vous engager fortement à introduire chez vous l'usage d'une si sainte et si édifiante pratique, surtout le soir, qu'il est plus aisé de se réunir. Où il y aura deux ou trois personnes assemblées en mon nom, dit notre Seigneur, je me trouverai au milieu d'elles. Quoi de plus engageant ! Que ne doit-on pas quitter pour se procurer un si grand bonheur !

In nomine Patris, et Filii, et Spiritus sancti. Amen.

Mettons-nous en la présence de Dieu, adorons-le.

Je vous adore, ô mon Dieu ! avec la soumission que m'inspire la présence de votre souveraine grandeur. Je crois en vous, parce

que vous êtes la vérité même. J'espère en
vous, parce que vous êtes infiniment bon.
Je vous aime de tout mon cœur, parce que
vous êtes souverainement aimable, et j'aime
le prochain comme moi-même pour l'amour
de vous.

Remercions Dieu des grâces qu'il nous a faites.

Quelles actions de grâces vous rendrai-je,
ô mon Dieu ! pour tous les biens que j'ai
reçus de vous ! Vous avez songé à moi de
toute éternité, vous m'avez tiré du néant,
vous avez donné votre vie pour me racheter,
et vous me comblez encore tous les jours
d'une infinité de faveurs. Hélas ! Seigneur,
que puis-je faire en reconnaissance de tant
de bonté ? Joignez-vous à moi, Esprits bienheureux, pour louer le Dieu de miséricorde
qui ne cesse de faire du bien à la plus indigne et à la plus ingrate de ses créatures.

Demandons à Dieu de connaître nos péchés.

Source éternelle de lumières, Esprit saint,
dissipez les ténèbres qui me cachent la lai-
deur et la malice du péché, faites m'en con-
cevoir une si grande horreur, ô mon Dieu !
que je le haïsse, s'il se peut, autant que vous
le haïssez vous-même, et que je ne craigne
rien tant que de le commettre à l'avenir.

Examinons-nous sur le mal commis :

Envers Dieu : *Omissions ou négligence dans nos devoirs de piété, irrévérences à l'Eglise, distractions volontaires dans nos prières, défaut d'intention, résistance à la grâce, jurements, murmures, manque de confiance et de résignation.*

Envers le prochain : *Jugements téméraires, mépris, haine, jalousie, désir de vengeance, querelles, emportements; imprécations, injures, médisances, railleries, faux rapports, dommages aux biens et à la réputation, mauvais exemple, scandale, manque de respect, d'obéissance, de charité, de zèle, de fidélité.*

Envers nous-mêmes : *Vanité, respect humain, mensonges, pensées, désirs, discours et actions contraires à la pureté, intempérance, colère, impatience, vie inutile et sensuelle, paresse à remplir les devoirs de notre état.*

Me voici, Seigneur, tout couvert de confusion et pénétré de douleur à la vue de mes fautes : je viens les détester devant vous avec un vrai déplaisir d'avoir offensé un Dieu si bon, si aimable et si digne d'être aimé. Etait-ce donc là, ô mon Dieu ! ce que vous deviez attendre de ma reconnaissance, après m'avoir aimé jusqu'à répandre votre sang pour moi ! Oui, Seigneur, j'ai poussé trop loin ma malice et mon ingratitude, je vous en demande très-humblement pardon, et je vous conjure, ô mon Dieu ! par cette même bonté dont j'ai ressenti tant de fois les effets, de m'accorder la grâce, de faire dès aujourd'hui et jusqu'à la mort une sincère pénitence.

Faisons un ferme propos de ne plus pécher.

Que je souhaiterais, ô mon Dieu, de vous avoir jamais offensé. Mais puisque j'ai été assez malheureux que de vous déplaire, je vais vous marquer la douleur que j'en ai par une conduite tout opposée à celle que j'ai gardée jusqu'ici. Je renonce dès à présent au péché et à l'occasion du péché, surtout de celui où j'ai la faiblesse de retomber si souvent; et si vous daignez m'accorder votre grâce, ainsi que je la demande et que je l'espère, je tâcherai de remplir fidèlement mes devoirs, et rien ne sera capable de m'arrêter quand il s'agira de vous servir.
Ainsi soit-il.

Réciter l'Oraison dominicale, la Salutation angélique, *le* Symbole des Apôtres.

La confession des péchés.

Je confesse à Dieu tout-puissant, à la bienheureuse Marie, toujours Vierge, à saint Michel Archange, à saint Jean-Baptiste, aux saints Apôtres Pierre et Paul, à tous les Saints, que

Confiteor Deo omnipotenti, beatæ Mariæ semper Virgini, beato Michaeli Archangelo, beato Joanni Baptistæ, sanctis Apostolis Petro et Paulo, omnibus San-

j'ai beaucoup péché en pensées, en paroles et en œuvres : par ma faute, par ma faute, par ma très-grande faute. C'est pourquoi je supplie la bienheureuse Marie toujours Vierge, saint Michel Archange, saint Jean-Baptiste, les saints Apôtres Pierre et Paul, tous les Saints, de prier pour moi le Seigneur notre Dieu.

Que le Dieu tout-puissant nous fasse miséricorde ; qu'il nous pardonne nos péchés, et nous conduise à la vie éternelle.

Ainsi soit-il.

Que le Seigneur tout-puissant et miséricordieux nous accorde indulgence, absolution et rémission de nos péchés. Ainsi soit-il.

ctis, quia peccavi nimis cogitatione, verbo et opere : meâ culpâ, meâ culpâ, meâ maximâ culpa. Ideo precor beatam Mariam semper Virginem, Michaelem Archangelum, beatum Joannem Baptistam, sanctos Apostolos Petrum et Paulum, omnes Sanctos, orare pro me ad Dominum Deum nostrum.

Misereatur nostri omnipotens Deus, et dimissis peccatis nostris, perducat nos ad vitam æternam.

Amen.

Indulgentiam, absolutionem et remissionem peccatorum nostrorum tribuat nobis omnipotens et misericors Dominus.

Amen.

Recommandons-nous à Dieu, à la sainte Vierge et aux Saints

Bénissez, ô mon Dieu ! le repos que je vais prendre pour réparer mes forces, afin de vous mieux servir, Vierge sainte, mère de mon Dieu, et après lui mon unique espérance; mon bon Ange, mon saint patron, intercédez pour moi, protégez-moi pendant cette nuit, tout le temps de ma vie et à l'heure de ma mort.

Prions pour les vivants et pour les fidèles trépassés.

Répandez, Seigneur, vos bénédictions sur mes parents, mes bienfaiteurs, mes amis et mes ennemis. Protégez tous ceux que vous m'avez donnés pour maîtres, tant spirituels que temporels. Secourez les pauvres, les prisonniers, les affligés, les voyageurs, les malades et les agonisants. Convertissez les hérétiques et éclairez les infidèles.

Dieu de bonté et de miséricorde, ayez aussi pitié des âmes des fidèles qui sont dans le purgatoire. Mettez fin à leurs peines, et donnez à celles pour lesquelles je suis obligé de prier, le repos et la lumière éternelle. Ainsi soit-il.

Recommandons à Dieu les âmes des Fidèles trépassés.

De profundis clamavi ad te, Domine; Domine, exaudi vocem meam.

Fiant aures tuæ intendentes, in vocem deprecationis meæ.

Si iniquitates observaveris, Domine; Domine, quis sustinebit?

Quia apud te propitiatio est, et propter legem tuam sustinui te, Domine.

Sustinuit anima mea in verbo ejus, speravit anima mea in Domino.

A custodiá matutiná usqué ad noctem, speret Israël in Domino.

Quia apud Dominum misericordia, et copiosa apud eum redemptio.

Et ipse redimet Israël, ex omnibus iniquitatibus ejus.

℣. *Requiem æternam dona eis Domine.*

℟. *Et lux perpetua luceat eis.*

℣. *Domine, exaudi orationem meam.*

℟. *Et clamor meus ad te veniat.*

OREMUS.

Fidelium, Deus, omnium conditor et redemptor, animabus famulorum famularumque tuarum remissionem cunctorum tribue peccatorum, ut indulgentiam quam semper optaverunt, piis supplicationibus consequantur. Qui vivis et regnas in sæcula sæculorum. Amen.

℣. *Requiescant in pace.*

℟. *Amen.*

Mon Dieu, donnez-leur le repos éternel, et faites luire sur eux votre éternelle lumière.

Ainsi soit-il.

LITANIES DE LA SAINTE VIERGE

Seigneur, ayez pitié de nous.	Kyrie, eleison.
Jésus-Christ, ayez pitié de nous.	Christe, eleison.
Seigneur, ayez pitié de nous.	Christe, audi nos.
Jésus-Christ, exaucez-nous.	Christe, exaudi nos.
Père céleste, qui êtes Dieu, ayez pitié de nous.	Pater de cœlis, Deus, miserere nobis.
Fils, Rédempteur du monde, qui êtes Dieu, ayez pitié de nous.	Fili, Redemptor mundi, Deus, miserere nobis.
Esprit-Saint, qui êtes Dieu, ayez pitié de nous.	Spiritus Sancte, Deus, miserere nobis.
Trinité sainte, qui êtes un seul Dieu, ayez pitié de nous.	Sancta Trinitas, unus Deus, miserere nobis.
Sainte-Marie,	Sancta Maria,
Sainte Mère de Dieu,	Sancta Dei Genitrix,
Sainte Vierge des vierges,	Sancta Virgo virginum,
Mère de Jésus-Christ,	Mater Christi,
Mère de l'Auteur de la grâce,	Mater divinæ gratiæ,

Priez pour nous. — *Ora pro nobis.*

Mère très-pure,		Mater purissima,	
Mère très-chaste,		Mater castissima,	
Mère toujours Vierge,		Mater inviolata,	
Mère sans tache,		Mater intemerata,	
Mère aimable,		Mater amabilis,	
Mère admirable,		Mater admirabilis,	
Mère du Créateur,		Mater Creatoris,	
Mère du Sauveur,		Mater Salvatoris,	
Vierge très-prudente,		Virgo prudentissima,	
Vierge vénérable,		Virgo veneranda,	
Vierge digne de louanges,		Virgo prædicanda,	
Vierge puissante,		Virgo potens,	
Vierge pleine de bonté,		Virgo clemens,	
Vierge fidèle,	Priez pour nous.	Virgo fidelis,	Ora pro nobis.
Miroir de justice,		Speculum justitiæ,	
Trône de la divine Sagesse,		Sedes Sapientiæ,	
Cause de notre joie,		Causa nostræ lætitiæ!	
Vase spirituel,		Vas spirituale,	
Vase d'honneur,		Vas honorabile,	
Vase éminent de piété,		Vas insigne devotionis,	
Rose mystérieuse,		Rosa mystica,	
Tour de David,		Turris Davidica,	
Tour d'ivoire,		Turris eburnea,	
Maison dorée,		Domus aurea,	
Arche d'alliance,		Fœderis arca,	
Porte du ciel,		Janua cœli,	
Etoile du matin,		Stella matutina,	
Ressource des infirmes,		Salus infirmorum,	
Refuge des pécheurs,		Refugium peccatorum,	
Consolation des affligés,		Consolatrix afflictorum,	
Secours des chrétiens,		Auxilium christianorum,	

Reine des Anges,	Regina Angelorum,
Reine des Patriar-ches,	Regina Patriarcharum,
Reine des prophètes,	Regina Propheta-rum,
Reine des Apôtres,	Regina Apostolorum,
Reine des Martyrs,	Regina Martyrum,
Reine des Confes-seurs,	Regina Confesso-rum,
Reine des Vierges,	Regina Virginum,
Reine de tous les Saints,	Regina Sanctorum om-nium,

(Priez pour nous. / Ora pro nobis.)

Agneau de Dieu, qui ef-facez les péchés du monde, pardonnez-nous, Seigneur. — Agnus Dei, qui tollis peccata mundi, par-ce nobis, Domine.

Agneau de Dieu, qui ef-facez les péchés du monde, exaucez-nous, Seigneur. — Agnus Dei, qui tollis peccata mundi, exau-di nos, Domine.

Agneau de Dieu, qui ef-facez les péchés du monde, ayez pitié de nous. — Agnus Dei, qui tollis peccata mundi, mi-serere nobis.

Jésus-Christ, écoutez-nous. — Christe, audi nos.

Jésus-Christ, exaucez-nous. — Christe, exaudi nos.

℣. Priez pour nous, sainte Mère de Dieu. — ℣. Ora pro nobis, sancta Dei Genitrix.

℞. Afin que nous mé-ritions les promesses de Jésus-Christ. — ℞. Ut digni efficia-mur promissionibus Christi.

PRIONS.	OREMUS.
Nous vous supplions, Seigneur, de répandre votre grâce dans nos âmes, afin qu'ayant connu par la voix de l'Ange l'Incarnation de Jésus-Christ, votre Fils, nous arrivions, par les mérites de sa Passion et de sa Croix, à la gloire de la Résurrection. Par le même Jésus-Christ Notre-Seigneur. Ainsi soit-il.	Gratiam tuam quæsumus, Domine, mentibus nostris infunde, ut qui, Angelo nuntiante, Christi Filii tui incarnationem cognovimus, per passionem ejus et Crucem ad Resurrectionis gloriam perducamur. Per eumdem Christum Dominum nostrum. Amen.

LITANIES

EN L'HONNEUR DE SAINT JOSEPH.

Seigneur, ayez pitié de nous.
Jésus-Christ, ayez pitié de nous.
Seigneur, ayez pitié de nous.
Jésus-Christ, écoutez-nous.
Jésus-Christ, exaucez-nous.
Père céleste qui êtes Dieu, ayez pitié de nous.
Fils rédempteur du monde, qui êtes Dieu, ayez pitié de nous.
Esprit-Saint, qui êtes Dieu, ayez pitié de nous.
Trinité Sainte, qui êtes un seul Dieu, ayez pitié de nous.

Sainte Marie, épouse de saint Joseph, priez pour nous.

Saint Joseph, priez pour nous.

Saint Joseph, fils de David,

Saint Joseph, justifié dès le sein de votre mère,

Saint Joseph, époux-vierge de la vierge Marie,

Saint Joseph, chef de la Sainte Famille, priez pour nous.

Saint Joseph, père nourricier de Jésus,

Saint Joseph, conducteur de Jésus et de Marie dans l'exil,

Saint Joseph, simple artisan,

Saint Joseph, fidèle et bon serviteur,

Saint Joseph, déclaré juste par Dieu lui-même,

Saint Joseph, fidèle imitateur de Jésus et de Marie,

Saint Joseph, éprouvé de Dieu,

Saint Joseph, toujours soumis aux volontés divines,

Saint Joseph, modèle d'humilité,

Saint Joseph, lis d'une pureté sans tache,

Saint Joseph, patron de la vie intérieure,

Saint Joseph, soutien de l'Eglise,

Saint Joseph, dispensateur de la grâce,

Saint Joseph, notre protecteur,

Saint Joseph, mort entre les bras de Jésus et de Marie,

Saint Joseph, défenseur des agonisants,

Priez pour nous.

Agneau de Dieu, qui effacez les péchés du monde, pardonnez-nous, Seigneur.

Agneau de Dieu, qui effacez les péchés du
monde, exaucez-nous, Seigneur.
Agneau de Dieu, qui effacez les péchés du
monde, ayez pitié de nous, Seigneur.
Jésus-Christ, écoutez-nous.
Jésus-Christ, exaucez-nous.

℣. Priez pour nous, saint Joseph,
℟. Afin que nous devenions dignes des promesses de Jésus-Christ.

Prions.

O Dieu, qui, par une providence ineffable,
avez choisi le bienheureux saint Joseph, pour
être l'époux de votre très-sainte Mère, faites
que nous méritions d'avoir pour interces-
seur dans le ciel ce grand Patriarche que nous
honorons sur la terre comme notre protecteur. Vous qui vivez et régnez dans les siècles
des siècles. Ainsi soit-il.

APPROBATION.

Nous, Evêque du Puy, avons approuvé et approu-
vons, pour les dévotions privées dans notre diocèse,
les susdites litanies de saint Joseph, et accordons
aux personnes qui les réciteront dévotement, qua-
rante jours d'indulgence, à gagner une fois par jour.
Donné au Puy, le 10 mars 1861.

† Pierre, *Evêque du Puy.*

*Ces litanies sont approuvées et enrichies des
mêmes indulgences, par NN. SS. les Archevêque et
Evêques de Tours, d'Arras, de Saint-Brieuc, de
Nantes, etc.*

LITANIES DES SAINTS

Kyrie, eleison. Christe, eleison. Kyrie, eleison. Christe, audi nos. Christe, exaudi nos.
Pater de cœlis, Deus, miserere nobis.

Fili, Redemptor mundi, Deus,   mis.
Spiritus Sancte, Deus,   mis.
Sancta Trinitas, unus Deus,   mis.
Sancta Maria, ora pro nobis.
Sancta Dei Genitrix, ora pro nobis.
Sancta Virgo virginum,   ora.
Sancte Michael,   ora.
Sancte Gabriel,   ora.
Sancte Raphael,   ora.
Omnes sancti Angeli et Archangeli, orate pro
    nobis.
Omnes sancti beatorum Spirituum ordines,
    orate pro nobis.
Sancte Joannes Baptista,   ora.
Sancte Joseph,   ora.
Omnes sancti Patriarchæ et Prophetæ, orate.
Sancte Petre,   ora.
Sancte Paule,   ora.
Sancte Andræa,   ora.
Sancte Jacobe,   ora.
Sancte Joannes,   ora.
Sancte Thoma,   ora.
Sancte Jacobe,   ora.
Sancte Philippe,   ora.
Sancte Bartholomæe,   ora.
Sancte Matthæe,   ora.
Sancte Simon,   ora.

Sancte Thaddæe, ora pro nobis.

Sancte Mathia,	ora.
Sancte Barnaba,	ora.
Sancte Luca,	ora.
Sancte Marce,	ora.

Omnes sancti Apostoli et Evangelistæ, orate pro nobis.

Omnes sancti Discipuli Domini,	orate.
Omnes sancti Innocentes,	orate.
Sancte Stephane,	ora.
Sancte Laurenti,	ora.
Sancte Vincenti,	ora.
Sancti Fabiane et Sebastiane,	orate.
Sancti Joannes et Paule,	orate.
Sancti Cosma et Damiane,	orate.
Sancti Gervasi et Protasi,	orate.
Omnes sancti Martyres,	orate.
Sancte Sylvester,	ora.
Sancte Gregori,	ora.
Sancte Ambrosi,	ora.
Sancte Augustine,	ora.
Sancte Hieronyme,	ora.
Sancte Martine,	ora.
Sancte Nicolae,	ora.
Omnes sancti Pontifices et Confessores,	orate.
Omnes sancti Doctores,	orate.
Sancte Antoni,	ora.
Sancte Benedicte,	ora.
Sancte Bernarde,	ora.
Sancte Dominice,	ora.
Sancte Francisce,	ora.
Omnes sancti Sacerdotes et Levitæ,	orate.
Omnes sancti Monachi et Eremitæ,	orate.

Sancta Maria Magdalena, ora pro nobis.

Sancta Agatha,	ora.
Sancta Lucia,	ora.
Sancta Anges,	ora.
Sancta Cæcilia,	ora.
Sancta Catharina,	ora.
Sancta Anastasia,	ora.
Sancta Genovefa,	ora.

Omnes sanctæ Virgines et Viduæ,   orate.

Omnes Sancti et Sanctæ Dei, intercedite pro

Propitius esto, parce nobis, Domine. [nobis.

Propitius esto, exaudi nos, Domine.

Ab omni malo, libera nos, Domine.

Ab omni peccato,	libera.
Ab ira tua,	libera.
A subitanea et improvisa morte,	libera.
Ab insidiis diaboli,	libera.

Ab ira, et odio, et omni mala voluntate,
     libera nos, Domine.

A spiritu fornicationis,	libera.
A fulgure et tempestate,	libera.
A morte perpetuâ,	libera.

Per mysterium sanctæ Incarnationis
     tuæ.   libera.

Per adventum tuum,	libera.
Per nativitatem tuam,	libera.

Per baptismum et sanctum jejunium
     tuum,   libera.

Per crucem et passionem tuam,	libera.
Per mortem et sepulturam tuam,	libera.
Per sanctam resurrectionem tuam,	libera.
Per admirabilem ascensionem tuam,	libera.
Per adventum Spiritûs sancti Paracleti,	libera.

4

In die judicii, libera nos, Domine.
Peccatores, te rogamus, audi nos.
Ut nobis parcas,   te rog.
Ut nobis indulgeas,   te rog.
Ut ad veram pœnitentiam nos perdu-
  cere digneris,   te rog.
Ut Dominum apostolicum et omnes ec-
  clesiasticos ordines in sancta Reli-
  gione conservare digneris,   te rog
Ut inimicos sanctæ Ecclesiæ humiliare
  digneris,   te rog.
Ut regibus et principibus christianis
  pacem et veram concordiam donare
  digneris,   te rog.
Ut cuncto populo christiano pacem et
  unitatem largiri digneris,   te rog.
Ut nosmetipsos in tuo sancto servitio
  confortare et conservare digneris,   te rog.
Ut mentes nostras ad cœlestia desideria
  erigas,   te rog.
Ut omnibus benefactoribus nostris sempiterna bona retribuas,   te rog.
Ut animas nostras, fratrum, propinquorum
  et benefactorum nostrorum ab æterna dam-
  natione eripias, te rogamus, audi nos.
Ut fructus terræ dare et conservare
  digneris,   te rog.
Ut omnibus fidelibus defunctis requiem
  æternam donare digneris,   te rog.
Ut nos exaudire digneris,   te rog.
Fili Dei,   te rog.
Agnus Dei, qui tollis peccata mundi, parce
  nobis Domine. *

Agnus Dei, qui tollis peccata mundi, exaudi
  nos Domine.
Agnus Dei, qui tollis peccata mundi, mise-
  rere nobis.
Christe, audi nos.
Christe, exaudi nos.
Kyrie, eleison.
Christe, eleison.
Kyrie, eleison.
Pater noster, etc. *tout bas.*
  ℣. Et ne nos inducas in tentationem ;
  ℞. Sed libera nos à malo.

PRIÈRES POUR LA BÉNÉDICTION DU SAINT SACREMENT

O salutaris Hostia !
Quæ cœli pandis ostium,
Bella premunt hostilia,
Da robur, fer auxilium.

Uni Trinoque Domino
Sit sempiterna gloria,
Qui vitam sine termino,
Nobis donet in patriâ. Amen.

—

Sub tuum præsidium confugimus, Sancta
Dei Genitrix ; nostras deprecationes ne despicias in necessitatibus, sed a periculis cunctis libera nos semper, Virgo gloriosa et benedicta.
  ℣. Ora pro nobis Sancta Dei Genitrix.

℟. Ut digni efficiamur promissionibus Christi.

OREMUS.

Concede nos famulos tuos, quæsumus, Domine Deus, perpetuâ mentis et corporis sanitate gaudere et gloriosâ Beatæ Mariæ semper virginis intercessione, à præsenti liberari tristitiâ et æternâ perfrui lætitiâ. Per Christum Dominum nostrum. Amen.

—

℣. Oremus pro Pontifice nostro Pio.
℟. Dominus conservet eum et vivificet eum et beatum faciat eum in terrâ et non tradat eum in animam inimicorum ejus.

OREMUS.

Deus omnium fidelium Pastor et Rector famulum tuum Pium quem pastorem Ecclesiæ tuæ præesse voluisti propitius respice; da ei, quæsumus, verbo et exemplo quibus præest proficere, ut ad vitam unà cum grege sibi credito perveniat sempiternam. Per Christum Dominum nostrum. Amen.

—

Tantum ergò Sacramentum
Veneremur cernui
Et antiquum documentum
Novo cedat ritui
Præstet fides supplementum
Sensuum defectui.

Genitori genitoque
Laus et Jubilatio
Salus honor virtus quoque
Sit et benedictio
Procedenti ab utroque
Compar sit laudatio. Amen.

℣. Panem de cœlo præstitisti eis.
℟. Omne delectamentum in se habentem.

Oremus.

Deus qui nobis sub Sacramento mirabili passionis tuæ memoriam reliquisti, tribue, quæsumus, ità nos corporis et sanguinis tui Sacra mysteria venerari ut redemptionis tuæ fructum in nobis jugiter sentiamus. Qui vivis et regnas in sæcula sæculorum. Amen.

—

℣. Laudate Dominum omnes gentes, laudate eum omnes populi.
℟. Quoniam confirmata est super nos misericordia ejus et veritas Domini manet in æternum.
Gloria Patri et Filio et Spiritui Sancto.
Sicut erat in principio et nunc et semper et in sæcula sæculorum. Amen.

—

Le souverain Pontife a accordé *cent jours* d'indulgence à toutes les personnes qui salueront la statue de Notre-Dame de France par l'invocation suivante : *O Marie conçue sans péché, priez pour nous.*

4**

PRATIQUE DE DÉVOTION ENVERS MARIE

O ma Souveraine ! ô ma Mère ! je m'offre tout à vous, et, afin de vous témoigner mon dévoûment, je vous consacre pour ce jour mes yeux, mes oreilles, ma bouche, mon cœur et toute ma personne. Puisque je suis à vous, ma bonne Mère, gardez-moi, défendez-moi, comme un bien qui vous est propre.

Aspiration dans les tentations.

O ma Souveraine ! ô ma Mère ! rappelez-vous que je vous appartiens ; gardez-moi, défendez-moi, comme un bien qui vous est propre.

Par un décret *Urbi et Orbi* du 5 août 1851, Sa Sainteté accorde à perpétuité une indulgence de 100 jours, une fois par jour, à tous les fidèles qui, le matin et le soir, après la Salutation Angélique, réciteront avec ferveur, et au moins contrits de cœur, la Prière ci-dessus, et à ceux qui l'auront ainsi récitée tous les jours du mois, une indulgence plénière, une fois par mois, au jour qu'ils auront eux-mêmes choisi, pourvu qu'ils s'approchent des Sacrements, et que, visitant une église ou un oratoire public, ils y fassent quelques prières à l'intention du Souverain Pontife. L'indulgence de 40 jours est en outre accordée chaque fois que, dans un moment de tentation, on récitera dévotement l'aspiration qui suit la prière. Toutes ces indulgences sont applicables aux défunts.

ACTES DES PRINCIPALES VERTUS

Tout Chrétien, étant obligé de faire de temps en temps des actes de Foi, d'Espérance et de Charité, nous les donnons ici un peu plus développés qu'ils ne le sont ordinairement, pour empêcher la routine, et afin qu'on les récite avec plus d'attention. Ceux qui les récitent dévotement gagnent chaque fois sept ans et sept quarantaines d'indulgence applicable aux morts, et s'ils les récitent une fois chaque jour pendant un mois, ils gagnent une Indulgence plénière en se confessant, communiant et priant selon les intentions du Souverain Pontife.

ACTE DE FOI.

O mon Dieu ! je crois en vous. Je crois que vous êtes un seul Dieu, Créateur du ciel et de la terre ; je crois qu'il y a en vous trois personnes divines, également parfaites, qui sont le Père, le Fils et le Saint-Esprit ; que ces trois personnes très-distinctes ne font cependant qu'un seul Dieu. Je crois que le Fils, qui est la seconde personne de votre Trinité sainte, s'est fait homme en prenant dans le sein de Marie, par l'opération du Saint-Esprit, un corps et une âme semblables aux nôtres ; qu'il a été crucifié pour les péchés des hommes, qu'il est ressuscité le troisième jour, qu'il est monté aux cieux et qu'il viendra juger les vivants et les morts. Je crois qu'il y a un paradis pour récompenser les justes et un enfer pour punir les méchants. Je crois qu'il y a sept Sacrements institués par Jésus-Christ pour nous sanctifier ; en un mot, je crois, ô mon Dieu ! tout ce que l'Eglise catholique, apostolique et romaine, croit et enseigne. Je crois toutes ces vérités, parce que vous les avez révélées vous-même à votre Eglise, et que cette même Eglise m'ordonne de les croire. Je veux vivre et mourir dans cette foi, parce qu'elle vient de vous, ô mon Dieu ! qui êtes la vérité même, qui ne pouvez ni être trompé ni tromper personne.

ACTE D'ESPÉRANCE.

O mon Dieu ! je mets en vous et en votre miséricorde infinie toute mon espérance et toute ma confiance. C'est de vous que j'attends tout ce qui m'est nécessaire pour le corps et pour l'âme, parce que vous êtes tout-puissant et infiniment miséricordieux. J'espère que, par les mérites de Jésus-Christ mon Sauveur, vous me pardonnerez toutes mes fautes, et que vous m'accorderez la gloire éternelle. J'espère toutes ces grâces, parce que vous me les avez promises, pourvu que je sois fidèle à vos commandements, ainsi que je me propose de l'être avec votre sainte grâce.

ACTE DE CHARITÉ.

Je vous aime, ô mon Dieu ! de tout mon cœur, de toute mon âme, de toutes mes forces ; je vous aime plus que toutes choses, plus que les biens périssables de ce monde, plus que moi-même ; j'aime le prochain comme moi-même pour l'amour de vous. Je vous aime, parce que vous êtes infiniment aimable et infiniment parfait ; je ne veux aimer que vous et rien que par rapport à vous.

ACTE DE CONTRITION.

O Jésus-Christ ! mon Seigneur, mon Dieu et vrai homme, mon Créateur et mon Rédempteur, je regrette de tout mon cœur de vous avoir offensé, parce que vous êtes infiniment bon et aimable, et, comme je vous aime par-dessus toutes choses, je fais un ferme propos de ne plus jamais pécher, de m'éloigner de toute occasion de vous offenser, de me confesser et d'accomplir la pénitence qui m'aura été enjointe, de restituer si je dois quelque chose. Pour l'amour de vous, je pardonne à tous mes ennemis ; je vous offre ma vie, mes œuvres et mes peines, avec votre passion et votre mort, en satisfaction de mes péchés ; j'espère en votre bonté et en votre miséricorde que vous me pardonnerez comme je vous en supplie, et que vous me donnerez la grâce de persévérer jusqu'à la mort dans votre saint service.

PRIÈRES AVANT LA COMMUNION

ACTE DE FOI.

Dieu du ciel et de la terre, Sauveur des hommes, vous venez à moi, et j'aurai le bonheur de vous recevoir ! Qui pourrait croire un semblable prodige, si vous ne l'aviez dit vous-même ? Oui, Seigneur, je crois que c'est vous-même que je vais recevoir dans ce sacrement ; vous-même qui, étant né dans une crèche, avez voulu mourir pour moi sur la croix, et qui, tout glorieux que vous êtes dans le ciel, ne laissez pas d'être caché sous ces espèces adorables.

Je le crois, mon Dieu, et je m'en tiens plus assuré que si je le voyais de mes propres yeux. Je le crois, parce que vous l'avez dit, que j'adore votre sainte parole ! Je le crois, et, malgré ce que mes sens peuvent me dire, je renonce à mes sens, pour me captiver sous l'obéissance de la foi.

Je le crois, et s'il fallait souffrir mille morts pour la confession de cette vérité, aidé de votre grâce, ô mon Dieu, je les souffrirais plutôt que de démentir sur ce point ma croyance et ma religion.

Verè tu es Deus absconditus, Deus salvator. Isaïe, 21.

Credo, Domine, adjuva incredulitatem meam. Marc, 9.

ACTE D'HUMILITÉ.

Qui suis-je, ô Dieu de gloire et de majesté !
qui suis-je, pour que vous daigniez jeter les
yeux sur moi ? D'où me vient cet excès de
bonheur, que mon Seigneur et mon Dieu
veuille venir à moi ? Moi pécheur, moi ver
de terre, moi plus méprisable que le néant,
approcher d'un Dieu aussi saint ! manger le
pain des Anges ! me nourrir d'une chair di-
vine... Ah ! Seigneur, je ne le mérite pas, je
n'en serai jamais digne.

Roi du Ciel, Auteur et Conservateur du
monde, Monarque universel, je m'anéantis
devant vous, et je voudrais pouvoir m'humi-
lier aussi profondément pour votre gloire,
que vous vous abaissez dans ce sacrement
pour l'amour de moi. Je reconnais, avec toute
l'humilité possible, et votre souveraine grandeur et mon extrême bassesse. La vue de
l'une et de l'autre me jette dans une confusion que je ne puis exprimer, ô mon Dieu !
Je dirai seulement, avec une humble sincé-
rité, que je suis très-indigne de la grâce que
vous daignez me faire aujourd'hui.

Undè hoc mihi ? Luc, 2.

*Domine non sum dignus ut intres sub tectum
meum.* Matth., 8.

ACTE DE CONTRITION.

Vous venez à moi, Dieu de bonté et de miséricorde ! Hélas ! mes péchés devraient bien

plutôt vous en éloigner. Mais je les désavoue
en votre présence, ô mon Dieu ! Sensible au
déplaisir qu'ils vous ont causé, touché de
votre infinie bonté, résolu sincèrement de ne
les plus commettre, je les déteste de tout mon
cœur, et vous en demande très-humblement
pardon. Pardonnez-les moi, mon père, mon
aimable père, puisque vous m'aimez encore
jusqu'à permettre, que je m'approche aujour-
d'hui de vous, pardonnez-les moi.

Je suis déjà lavé, comme je l'espère, par
le sacrement de Pénitence ; mais lavez-moi,
Seigneur, encore davantage ; purifiez-moi
des moindres souillures ; créez en moi un
cœur nouveau, et renouvelez jusqu'au fond
de mes entrailles cet esprit d'innocence, qui
me mette en état de vous recevoir dignement.

Ampliùs lava me ab iniquitate mea. Psalm.,
50.

*Cor mundum crea in me, Deus, et spiritum
rectum innova in visceribus meis.* Ibid.

ACTE D'ESPÉRANCE.

Vous venez à moi, divin Sauveur des âmes ;
que ne dois-je pas espérer de vous ! que ne
dois-je pas attendre de celui qui se donne entièrement à moi !

Je me présente donc à vous, ô mon Dieu !
avec toute la confiance que m'inspirent votre
puissance infinie et votre infinie bonté. Vous
connaissez tous mes besoins, vous pouvez les
soulager; vous le voulez, vous m'invitez d'al-

ler à vous, vous me promettez de me secourir. Eh bien ! mon Dieu, me voici, je viens sur votre parole. Je me présente à vous avec toutes mes faiblesses, mon aveuglement et mes misères ; j'espère que vous me fortifierez, que vous m'éclairerez, que vous me soulagerez, que vous me changerez.

Je l'espère, sans crainte d'être trompé dans mon espérance. Car n'êtes-vous pas, ô mon Dieu ! le maître de mon cœur ? Et quand mon cœur sera-t-il plus absolument dans votre disposition que quand vous y serez une fois entré ?

Ecce Deus meus , fiducialiter agam in eo. Psal. 11.

Domine, ecce quem amas, infirmatur.

ACTE DE DÉSIR.

Est-il donc possible, ô Dieu de bonté ! que vous veniez à moi, et que vous y veniez avec un désir infini de m'unir à vous ? Oh ! venez, le bien-aimé de mon cœur ; venez, Agneau de Dieu, chair adorable, sang précieux de mon Sauveur ; venez servir de nourriture à mon âme. Que je vous voie, ô le Dieu de mon cœur, ma joie, mes délices, mon amour, mon Dieu, mon tout.

Qui me donnera des ailes pour voler vers vous ? Mon âme, éloignée de vous, impatiente d'être remplie de vous, languit sans vous, vous souhaite avec ardeur, et soupire après vous, ô mon Dieu ! ô mon unique bien, ma consolation, ma douceur, mon trésor, mon bonheur et ma vie, mon Dieu et mon tout !

Venez donc, aimable Jésus, et quelque indigne que je sois de vous recevoir, dites seulement une parole, et je serai purifié. Mon cœur est prêt, et s'il ne l'était pas, d'un seul de vos regards, vous pouvez le préparer, l'attendrir et l'enflammer. Venez, Seigneur Jésus, venez.

Veni, Domine Jesu. Apoc. 22.
Desiderat anima mea ad te, Deus. Ps. 41.

PRIÈRES APRÈS LA COMMUNION

A ce moment que la plénitude de la divinité habite corporellement en vous, entrez avec la sainte Vierge dans une méditation profonde sur les merveilles qui s'opèrent en vous : regardez-vous comme le tabernacle vivant où réside le Saint des Saints ; arrêtez par cette pensée toutes les distractions de votre esprit, et tenez-vous dans un parfait recueillement.

ACTE D'ADORATION.

Adorable Majesté de mon Dieu, devant qui tout ce qu'il y a de plus grand dans le Ciel et sur la terre se reconnaît indigne de paraître ! que puis-je faire ici en votre présence, si ce n'est de me taire et de vous honorer dans le plus profond anéantissement de mon âme ?

Je vous adore, ô Dieu saint ! je rends mes

justes hommages à cette grandeur suprême, devant laquelle tout genou fléchit, en comparaison de laquelle toute puissance n'est que faiblesse, toute prospérité que misère, et les plus éclatantes lumières que ténèbres épaisses.

A vous seul, grand Dieu, roi des siècles, Dieu immortel ! à vous seul appartiennent tout honneur et toute gloire. Gloire, honneur, salut et bénédiction à celui qui vient au nom du Seigneur. Béni soit le Fils éternel du Très-Haut, qui daigne s'unir aujourd'hui si intimement à moi et prendre possession de mon cœur.

Benedictus qui venit in nomine Domini. Matth. 21.

Tu solus Dominus, tu solus Altissimus, Jesu Christe. Cant. Ang.

ACTE D'AMOUR.

J'ai donc enfin le bonheur de vous posséder, ô Dieu d'amour ! Quelle bonté ! Que ne puis-je y répondre ! Que ne suis-je tout cœur pour vous aimer, pour vous aimer autant que vous êtes aimable, et pour n'aimer que vous ! Embrasez-moi, mon Dieu, brûlez, consumez mon cœur de votre amour. Mon bien-aimé est à moi. Jésus, l'aimable Jésus, se donne à moi... Anges du Ciel, Mère de mon Dieu, saints du Ciel et de la terre, prêtez-moi vos cœurs, donnez-moi votre amour, pour aimer mon aimable Jésus.

Oui, je vous aime, ô le Dieu de mon cœur!
je vous aime de toute mon âme, je vous aime
souverainement ; je vous aime pour l'amour
de vous, et avec une ferme résolution de n'aimer jamais que vous. Je le jure, je le proteste ;
mais assurez vous-même, ô mon Dieu ! ces
saintes résolutions dans mon cœur, qui est
présentement à vous.

Dilectus meus mihi, et ego illi. Cant. 22.
Tu scis, Domine, quia amo te. Joan. 21.

ACTE DE REMERCIMENT.

Quelles actions de grâces, ô mon Dieu !
pourraient égaler la faveur que vous me faites
aujourd'hui ? Non content de m'avoir aimé
jusqu'à mourir pour moi, Dieu de bonté, vous
daignez encore venir en personne m'honorer
de votre visite, et vous donner à moi ! O mon
âme ! glorifie le Seigneur ton Dieu ! Reconnais sa bonté, exalte sa magnificence, publie
éternellement sa miséricorde. C'est avec un
cœur attendri et plein de reconnaissance, ô
mon doux Sauveur ! que je vous remercie de
la grande grâce que vous daignez me faire.
J'ai été un infidèle, un lâche, un prévarica-
teur, mais je ne veux pas être un ingrat. Je
veux me souvenir éternellement qu'aujour-
d'hui vous vous êtes donné à moi, et marquer, par toute la suite de ma vie, les obligations excessives que je vous ai, ô mon Dieu !
en me donnant parfaitement à vous.

Quid retribuam Domino pro omnibus quæ retribuit mihi? Ps. 115.

Gratias agimus tibi, propter magnam gloriam tuam. Cant. Ang.

ACTE DE DEMANDE.

Vous êtes en moi, source inépuisable de tous les biens ! Vous y êtes plein de tendresse pour moi, les mains pleines de grâces, et prêt à les répandre dans mon cœur. Dieu bon, libéral et magnifique, répandez-les avec profusion, voyez mes besoins, voyez votre pouvoir. Faites en moi ce pour quoi vous y venez : ôtez ce qui vous déplaît dans mon cœur, mettez-y ce qui peut me rendre agréable à vos yeux. Purifiez mon corps, sanctifiez mon âme ; appliquez-moi les mérites de votre vie et de votre mort ; unissez-vous à moi, chaste époux des âmes, unissez-moi à vous ; vivez en moi, afin que je vive en vous, que je vive de vous, et à jamais pour vous.

Faites en moi, aimable Sauveur, ce pour quoi vous y venez ; accordez-moi les grâces que vous savez m'être nécessaires ; accordez les mêmes grâces à tous ceux et à celles pour qui je suis obligé de prier. Pourriez-vous, mon aimable Sauveur, me refuser quelque chose, après la grâce que vous me faites aujourd'hui, de vous donner vous-même à moi ?

Non dimittam te, donec benedixeris mihi. Gen. 33.

Fac cum servo tuo secundùm misericordiam tuam. Ps. 118.

ACTE D'OFFRANDE.

Vous me comblez de vos dons, Dieu de miséricorde, et, en vous donnant à moi, vous
voulez que je ne vive plus que pour vous.
C'est aussi, ô mon Dieu, le plus grand de tous
mes désirs, que d'être entièrement à vous.
Oui, je veux que tout ce que j'aurai désormais de pensées, tout ce que je formerai ou
exécuterai de desseins, soit dans l'ordre de la
parfaite soumission que je vous dois.

Je veux que tout ce qui dépend de moi,
santé, forces, esprit, talents, crédit, biens,
réputation, ne soit employé que pour les in-
térêts de votre gloire. Assujettissez-vous donc,
ô Roi de mon cœur ! toutes les puissances de
mon âme : régnez absolument sur ma volonté ;
je la soumets à la vôtre. Après la faveur dont
vous m'honorez, je ne souffrirai pas qu'il y
ait rien en moi qui ne soit parfaitement à
vous.

Ego servus tuus, et filius ancillæ tuæ. Ps. 115.
*In manus tuas, Domine, commendo spiritum
meum*. Ps. 30.

ACTE DE BON PROPOS.

O le plus patient et le plus généreux de
tous les amis ! qu'est-ce qui pourrait désormais me séparer de vous ? Je renonce de tout
mon cœur à ce qui m'en avait éloigné jusqu'ici, et je me propose, avec le secours de

votre grâce, de ne plus retomber dans mes fautes passées.

Ainsi donc, ô mon Dieu ! plus de pensées, de désirs, de paroles ou d'actions qui soient le moins du monde contraires à la pudeur ou à la charité ; plus d'impatiences, de juremeuts, de mensonges, de querelles, de médisances ; plus d'omissions dans mes devoirs ni de langueur dans votre service ; plus de liaisons sensibles ni d'amitiés naturelles ; plus d'attaches à mes sentiments ni à mes commodités ; plus de délicatesse sur le mépris et sur les discours des hommes ; plus de passion pour l'estime et l'attention du monde. Plutôt mourir, ô mon Dieu ! plutôt expirer ici devant vous, que de jamais vous déplaire !

Vous êtes au milieu de mon cœur, divin Jésus ; c'est en votre présence que je conçois ces résolutions, afin que vous les confirmiez, et que votre adorable Sacrement, que je viens de recevoir, en soit comme le sceau, qu'il ne me soit jamais permis de violer. Confirmez donc, ô Dieu de bonté ! le désir que j'ai d'être uniquement à vous, et de ne vivre plus que pour votre gloire. Ainsi soit-il.

Juravi et statui custodire judicia justitiæ tuæ. Ps. 118.

Confirma hoc, Deus, quod operatus es in nobis. Ps. 76.

PRIÈRES
POUR LA SAINTE MESSE

AU COMMENCEMENT DE LA MESSE.

Prosterné devant vous, ô mon Dieu ! je vous adore de tout mon cœur, je reconnais votre domaine souverain sur tout ce que je suis et sur tout ce que je possède. Je vous remercie de toutes les grâces dont vous m'avez comblé pendant toute ma vie, et particulièrement de celle que vous m'accordez aujourd'hui d'assister au saint sacrifice de la Messe. Je vous l'offre, ô mon Dieu ! dans l'intention de vous adorer, de vous louer, de vous bénir, de vous remercier, d'obtenir de votre bonté la rémission de mes péchés, avec la grâce de vivre et de mourir dans votre saint amour. Je vous demande pardon de de tout le passé ; faites, ô mon Dieu ! que je sois désormais tout à vous ! Je m'accuse à vos pieds de tous les péchés que j'ai commis, selon la parfaite connaissance que vous en avez ; je vous en demande pardon et miséricorde avec une véritable douleur de vous avoir offensé.

Récitez ici avec attention le Confiteor *ou* Je me confesse à Dieu, etc. ; *ajoutez-y, selon que vous en aurez le temps, ou l'acte de Contrition, ou le* Miserere mei.

A L'INTROIT.

O Jésus! mon aimable Sauveur, je vous aime et je veux vous aimer de tout mon cœur, de toute mon âme et de toutes mes forces. Qu'à jamais je reconnaisse les bontés que vous avez eues pour tous les hommes et pour moi en particulier. Vous allez bientôt descendre sur cet autel et paraître entre les mains du Prêtre, comme autrefois vous parûtes au milieu du monde. Ah! venez, venez; écoutez encore la voix de votre miséricordieuse tendresse. Nos misères et nos tristes infirmités vous appellent. Cieux! ouvrez-vous; laissez descendre le Fils éternel de Dieu, et que la terre voie encore son Sauveur..

AU KYRIE ELEISON.

Ah! mon Seigneur, faites-moi miséricorde, s'il vous plaît, et à tout votre peuple, qui vous la demande avec moi et qui la sollicite avec ardeur dans ces jours de salut. Adorable Trinité, Père, Fils et Saint-Esprit, qui nous avez créés par amour à votre image et à votre ressemblance, ayez pitié de nous. O Sauveur de mon âme! donnez-moi cette sainte tristesse que mes péchés vous causèrent dans votre cruelle agonie, afin que, comme vous et avec vous, je dise du plus profond de mon cœur : O Père céleste! détournez de moi le calice amer que m'a préparé votre justice.

5**

Ayez pitié de ma faiblesse; cependant, que votre volonté s'accomplisse en moi; qu'il soit fait, non pas comme je veux, mais comme vous voulez.

AU GLORIA IN EXCELSIS.

Vos anges, Seigneur, nous ont annoncé, par ce cantique, la réconciliation des hommes avec votre Majesté. Vous promettez, mon Dieu, que la paix est assurée aux hommes de bonne volonté; donnez-moi cette bonne volonté de vous aimer et de vous servir, mais une bonne volonté sincère, courageuse, persévérante, qui ne s'arrête pas à quelques sentiments vagues et sans effet, et à des désirs inefficaces. Ah! combien de fois ne me suis-je pas abusé sur les dispositions de mon cœur! Aussi, je n'ai jamais goûté la paix. Donnez-la-moi aujourd'hui, s'il vous plaît, ô mon Dieu! puisque je ne veux chercher de véritable repos qu'en vous, qui êtes mon souverain bien. Je vous loue et vous bénis; que toutes vos créatures vous louent avec moi, vous bénissent et vous adorent, en réparation de tous les blasphèmes des ennemis de votre saint nom. O Fils unique du Père! ô Agneau immolé pour le salut du monde! je confesse et je chante avec les chœurs célestes que vous êtes le seul Saint, seul Seigneur, seul Très-Haut, ô Jésus-Christ! avec l'Esprit Saint, dans la gloire du Père. Ainsi soit-il.

AUX ORAISONS.

Dieu tout-puissant et éternel, toutes mes nécessités vous sont connues; mais vous voulez que je vous les expose, et l'unique condition que vous mettez à l'effusion de vos grâces, c'est que je les implore avec humilité et confiance. Ah! comment ne prierais-je pas humblement, puisque je me vois si indigne de vos faveurs? Et comment ma prière ne serait-elle pas animée par la confiance, puisque je vous l'adresse au nom de Jésus-Christ, votre Fils, en union avec la sainte Eglise, son épouse?

PENDANT L'ÉPITRE.

Seigneur qui, pour disposer le monde à vos ineffables mystères, les avez fait annoncer par vos prophètes, et qui nous en avez fait connaître l'accomplissement par les sacrés monuments que nous ont laissés vos apôtres et vos disciples, je vous remercie mille fois de m'avoir éclairé de votre sainte doctrine. L'idolâtre ne la connaît pas; le juif ne l'entend pas; le mauvais chrétien ne la pratique pas. Donnez-moi, ô mon Dieu! l'intelligence et la docilité, la lumière et la force; que je comprenne enfin que la foi sans les œuvres est une foi morte, et que l'accomplissement des devoirs et des pratiques du christianisme n'est pas seulement destiné à offrir un témoignage public de ma croyance, mais à être le soutien et l'aliment même de ma foi.

PENDANT L'ÉVANGILE.

Ce ne sont plus les serviteurs et les envoyés, c'est le maître qui parle, c'est le Verbe par qui tout a été fait. Parlez, Seigneur, car votre serviteur écoute. Et quel autre que vous pourrait m'instruire, puisque vous avez les paroles de la vie éternelle, puisque vous êtes la vérité, la sagesse, la lumière? Mais que m'enseignez-vous, ô Maître souverain? Comment pourrai-je comprendre vos sublimes leçons? Ah! vous les avez miséricordieusement renfermées dans le seul principe d'un amour sincère. « Vous aimerez votre Dieu de tout votre cœur, votre prochain comme vous-même. » Que je vous suis redevable, ô Seigneur! d'avoir ainsi tout réduit à ces deux préceptes, et de m'avoir donné, dans quelques mots, toute la substance de la loi! Quelle consolation pour moi, d'être assuré qu'en les entendant bien, je n'ignore rien de ce qui m'est nécessaire! O Dieu! je vous loue; ô Jésus! soyez béni! Je vais m'appliquer à méditer cet admirable abrégé de la doctrine céleste. Je me veux parler à moi-même, sans paroles, de ces paroles si pleines de lumière, c'est-à-dire, je veux tâcher de les pénétrer, plutôt par l'affection que par le discours. J'en contemplerai la vérité, afin d'en sentir la force et de m'en remplir tout entier au dedans et au dehors. O Jésus! donnez-m'en la grâce. O Jésus! répandez dans mon âme votre Saint-Esprit, qui est l'amour éternel et subsistant du Père et de vous, afin qu'il m'apprenne à vous aimer tous deux, et à aimer avec vous, comme un seul et même Dieu, l'esprit qui procède de l'un et de l'autre. Ainsi soit-il.

PENDANT LE CREDO.

Je crois ce que la sainte Eglise me commande de croire, sans en douter, et je vous remercie, ô mon Dieu! de ce que vous m'avez fait naître dans la véritable Église; faites-moi la grâce d'y mourir. Par votre sang et par l'amour que vous lui portez, comme à votre épouse, augmentez, je vous en conjure, le nombre de ses enfants et la renouvelez. convertissant les Juifs, avec tous les hérétiques et les infidèles, à la vraie et unique foi, pour laquelle je souhaite, par votre grâce, de vivre et de mourir.

Si cela ne vous suffit pas pour vous occuper pendant le *Credo*, arrêtez-vous intérieurement aux paroles qui y sont dites : que Jésus-Christ est né d'une Vierge, qu'il a souffert la mort, qu'il est descendu aux enfers, ressuscité, assis à la droite de Dieu son Père, où il prie pour nous et est notre unique avocat, voyant, en tous ces mystères, l'amour de Dieu pour tous les hommes.

On peut y ajouter, si le temps le permet, les actes de Foi, d'Espérance, etc.

A L'OFFERTOIRE.

Père de toute bonté, je vous offre mon Jésus et l'acceptation généreuse de ses souffrances et de sa mort, pour mon saiut, vous suppliant qu'elle me soit méritoire. Seigneur, je présente sur votre autel de propitiation tous les péchés que j'ai commis devant vous et devant vos saints anges, dépuis le jour que j'ai commencé à pécher jusqu'à cette heure, afin que vous les brûliez et consumiez tous par le feu de votre charité; que vous effaciez toutes mes taches, que vous purifiiez ma conscience, que vous me rendiez la grâce que j'ai perdue par mes péchés, me les pardonnant tous pleinement et me recevant, dans votre miséricorde, au baiser de paix.

Je vous offre encore tous les pieux devoirs des âmes saintes, tous les besoins de mes parents, amis et de tous ceux qui me sont chers, de tous ceux qui m'ont fait quelque bien, à moi ou à d'autres, pour votre amour; de tous ceux qui ont demandé ou désiré que j'entendisse ou que je fisse dire la Messe, pour eux et pour les leurs, soit qu'ils vivent encore dans la chair, soit qu'ils soient morts dans le temps.

Je vous offre aussi mes prières et cette hostie de propitiation, principalement pour ceux qui m'ont offensé en quelque chose, ou qui m'ont fait quelque tort ou quelque peine; pour tous ceux aussi que, par mes paroles ou mes actions, l'ignorant ou le sachant, j'ai affligés, troublés, offensés ou scandalisés, afin que vous nous pardonniez à tous nos péchés et nos offenses mutuelles, par les mérites de Jésus-Christ notre Seigneur. Ainsi soit-il.

A LA PRÉFACE.

Que le Seigneur soit toujours avec moi ; que Jésus-Christ habite, par la foi, dans mon cœur. Dégagez-vous, mes pensées, de toutes les choses de la terre. Elevez-vous, mon cœur, vers les choses du ciel.

Je vous rends grâces, ô mon Dieu ! c'est la raison, c'est la justice, c'est mon intérêt propre, c'est votre suprême pouvoir, c'est votre sainteté, c'est votre infinie bonté pour les hommes qui me prescrit ce devoir, et c'est par Jésus-Christ que je dois le remplir. Vous me l'avez donné afin que par lui je puisse vous adorer, vous louer, vous remercier. C'est par lui que les anges mêmes vous rendent un culte digne de vous. Souffrez qu'un pécheur ose mêler sa voix aux hommages de ces esprits célestes et chanter avec eux : Saint, Saint, Saint : oui, vous êtes Saint, Seigneur, Dieu tout-puissant, et le ciel et la terre sont remplis de l'éclat de votre gloire. Soyez à jamais béni, Seigneur Jésus, qui êtes venu, au nom de Dieu votre Père, appeler les pécheurs à la pénitence, et vous immoler pour eux.

AU TE IGITUR.

Père de miséricorde, Dieu de bonté, prêtez maintenant une oreille favorable à toutes les supplications que je vais vous faire par Jésus-Christ votre divin Fils. Par ce Fils bien-aimé et par le mérite de son sacrifice, je vous prie pour toute votre sainte Eglise ; veillez sur elle en toute occasion ; Seigneur, conduisez-la en tout temps ; conservez-la pour toute la terre dans l'union et dans la paix. Je vous prie pour notre Saint-Père le Pape, pour notre Evêque et pour son diocèse ; pour tout le corps des pasteurs, pour tout l'ordre des prêtres, pour tout l'état religieux. Je vous prie pour tous ceux de mes frères qui ont besoin d'être éclairés, d'être touchés, d'être fortifiés, d'être soulagés, d'être consolés.

AU MEMENTO DES VIVANTS.

Daignez vous souvenir, Seigneur, de tout votre peuple ; j'ose vous prier plus particulièrement pour ceux qui me rendent les offices spirituels de la charité, pour ceux qui me rendent des services temporels, pour mes parents, mes amis et les personnes avec qui je vis en société. Je vous prierai encore, Seigneur, pour le prêtre qui vous offre ce sacrifice, pour tous ceux qui l'offrent ici avec lui. Que tous ceux, ô mon Dieu ! qui vous rendent ce glorieux hommage, et qui vous adressent par Jésus-Christ des vœux justes et raisonnables, sentent les effets de votre bonté paternelle et la vertu du sang de ce divin Fils.

AU COMMUNICANTES.

Je m'unis, Seigneur, de cœur et d'esprit à tous vos saints, dont je révère la mémoire, afin que, par leurs mérites et par leurs prières, j'obtienne de vous les grâces qui seraient refusées à mon indignité. Ecoutez-les pour moi, Seigneur, comme vous les avez écoutés pour eux-mêmes, et que, lié avec eux par la même foi, je jouisse un jour avec eux des récompenses promises à la fidélité.

HANC IGITUR.

Grand Dieu, daignez recevoir avec bonté l'hommage et l'offrande de votre Eglise; donnez-nous, par Jésus-Christ, votre paix pendant la vie, et votre gloire après notre mort. Bénissez ce pain et ce vin, ô mon Dieu! pour en faire le Corps et le Sang de votre Fils bien-aimé, et un sacrement salutaire pour nos âmes. Bénissez, Seigneur, ce sacrifice, pour en faire la source de toutes vos bénédictions sur votre Eglise.

PENDANT LA CONSÉCRATION.

O amour! ô excès de charité! Jésus-Christ m'a aimé jusqu'à se livrer à la mort pour moi, jusqu'à vouloir être offert pour moi tous les jours. Oui, c'est là ce Corps qui fut sacrifié pour la rémission de mes péchés et pour la vie du monde.

A L'ÉLÉVATION DE L'HOSTIE.

Je vous adore, mon Sauveur, élevé en croix pour moi; élevez-moi avec vous, comme vous l'avez promis. Je vous adore sous les voiles qui vous cachent à mes yeux, non-seulement comme très-réellement présent, mais comme sacrifié et comme immolé pour mes péchés.

A L'ÉLÉVATION DU CALICE.

Père céleste, voilà le sang de votre Fils unique répandu pour moi; écoutez, s'il vous plaît, la voix qui demande miséricorde. Qu'il en tombe seulement une goutte sur ma tête, et que je ne sois pas assez malheureux pour le profaner. J'adore, ô mon Sauveur! votre Sang précieux; rendez-le efficace pour mon salut. Je l'ai versé par mes crimes, et vous l'avez répandu par amour; pardonnez-moi mon aveuglement, et n'ayez égard qu'à votre charité.

APRÈS L'ÉLÉVATION.

Je me représente ici, mon Dieu, le moment où votre Fils s'offrit à vous sur la croix; je le vois par les yeux de la foi sous les sacrés symboles, et je vous l'offre ce Fils bien-aimé, ce Fils obéissant jusqu'à la mort, cette victime seule digne de vous et seule capable de vous rendre favorable aux pécheurs. Détournez

vos regards, ô mon Dieu! de dessus nos iniquités, pour ne les arrêter que sur celui que
vous nous avez donné pour être notre justice; voyez-le en état de victime, et recevez
encore plus favorablement son sacrifice que
vous ne reçûtes autrefois ceux d'Abel, d'Abraham et de Melchisédech, sacrifice dont les
victimes n'avaient de prix à vos yeux que
parce qu'elles en étaient la figure, et qui ne
pouvaient vous plaire que par la simplicité
du cœur de ceux qui vous les offraient. Ce
n'est plus, Seigneur, avec un cœur simple
qu'un pécheur comme moi vous offre son
sacrifice; mais ne dédaignez pas celui d'un
cœur humilié sous votre puissante main.
Commandez qu'il soit porté avec celui de
votre Fils jusque sur l'autel du ciel, et qu'il
en fasse descendre sur moi vos bénédictions
avec vos miséricordes.

AU MEMENTO DES MORTS.

Souvenez-vous, Seigneur, de tous vos fidèles qui, ayant été marqués comme nous du
sceau de la foi, nous ont précédés, et dorment
maintenant du sommeil de paix; donnez-
leur, mon Dieu, et à tous ceux qui reposent
en J.-C., l'entrée dans le lieu du rafraîchissement, de la lumière et de la paix.

AU NOBIS QUOQUE PECCATORIBUS.

Je suis à vous, Seigneur, même depuis que
j'ai péché; mais je suis un fils ingrat, qui ne

mérite plus ce nom; un esclave rebelle, qui ne puis plus espérer que dans l'excès de votre charité. J'ai pourtant cette confiance, ô mon Dieu! que, sans égard à mes mérites, vous me donnerez un jour quelque part avec vos saints apôtres, avec vos saints martyrs, avec tant de saints pénitents qui ne sont que par votre pure grâce ce qu'ils sont. Je suis prêt à les imiter, comme ils ont été les imitateurs de votre Fils; et je consens à passer comme eux par toutes les tribulations de cette misérable vie, pour leur être associé dans votre gloire.

C'est par votre Fils, ô Dieu! source de toute justice! que vous en faites porter des fruits à la terre de notre cœur; c'est par lui que vous créez en moi des désirs et des œuvres de pénitence. Je vous en offre aujourd'hui les prémices, et je vous rends, par votre Fils, ce que vous m'avez donné par lui-même, afin que toute la gloire de vos dons remonte jusqu'à vous, et que je mérite de conserver vos grâces, en reconnaissant qu'elles viennent de vous.

AU PATER.

Non, Seigneur, après avoir péché contre le ciel et contre vous, je n'oserais plus vous appeler mon père, si votre Fils bien-aimé ne m'avait inspiré cette confiance en me l'ordonnant; je vous dirai donc, en me mettant encore au rang de vos enfants les plus fidèles : Notre Père, qui êtes dans les cieux, etc.

APRÈS LE PATER.

Délivrez-moi, Seigneur, de toute sorte de maux, par l'intercession de la bienheureuse Vierge Marie, mère de votre Fils, de vos apôtres et de tous vos saints ; pardonnez-moi mes anciennes iniquités, ne permettez pas que j'en commette de nouvelles ; éloignez de moi le danger de la tentation. Donnez-moi, Seigneur, cette paix que le monde ne saurait donner, cette paix du cœur que les passions ne troublent plus ; donnez-moi cette paix du dehors qui m'est si nécessaire pour posséder mon âme, pour conserver la patience et pour arriver, par les tribulations, à la paix de la vie future.

A L'AGNUS DEI.

Agneau de Dieu, qui effacez les péchés du monde, ayez pitié de moi, donnez-moi la paix. *(Le dire trois fois.)*

APRÈS L'AGNUS DEI.

O Dieu plein de charité, qui, par la mort de votre Fils, avez rendu la vie au monde, répandez sur moi le mérite de cette mort par l'oblation mystérieuse de son Corps et de son Sang, qui la retrace à vos yeux. Pardonnez-moi mes iniquités, guérissez-moi de toutes mes faiblesses, rallumez en moi l'amour de votre loi sainte, et que rien ne puisse désormais me séparer de vous, ni me rendre indigne d'approcher de vos autels.

Qu'ai-je fait, malheureux que je suis! De combien de grâces me suis-je privé par mes infidélités! car je sens bien, mon Dieu, que je n'ai pas encore recouvré la pureté que vous exigez de ceux qui veulent participer au pain sacré. N'avez-vous qu'une sorte de bénédiction, Seigneur? N'avez-vous qu'une voie pour répandre sur moi vos grâces, et n'oserais-je vous demander, en faveur de la crainte respectueuse qui m'éloigne de vos mystères, une partie des bénédictions qui coulent sur ceux qui s'en approchent avec piété? Quand sera-ce du moins que je serai rétabli, par la ferveur de la pénitence, dans les droits dont le péché m'a privé? Renouvelez-en l'esprit en moi, Seigneur, et hâtez le moment qui doit me réunir à vous pour toujours.

PENDANT LA COMMUNION.

Faut-il que je meure de faim dans l'indigence où le péché m'a réduit, tandis que les serviteurs fidèles de mon Père et de mon Dieu sont abondamment rassasiés des biens de sa maison? Que ce souvenir m'afflige! Que cette pensée me ranime! Oui, mon Dieu, je vais m'élever au-dessus de mes faiblesses, sortir de ma négligence et me dépouiller de tout ce qui me reste d'affections pour le monde et pour ses vanités, afin de pouvoir me mêler avec mes frères autour de votre table, et m'y nourrir de ce pain qui ne se donne qu'à vos enfants.

AU PAX TECUM.

Que le Seigneur daigne se réconcilier avec nous par J.-C. qui est notre paix. Que la grâce de J.-C. soit toujours avec nous. Ainsi soit-il.

AUX DERNIÈRES ORAISONS.

Je n'ai pas été digne de participer à vos sacrements, ô mon Dieu, mais accordez-en la grâce au désir que j'ai ressenti de les recevoir. Purifiez-moi des restes du péché, préservez-moi contre les rechutes, soutenez-moi dans l'esprit de pénitence, ranimez-moi dans votre service et remplissez-moi de force pour accomplir, avec une entière fidélité, tous les devoirs que vous m'avez imposés.

Soyez favorable, Seigneur, aux vœux de votre Eglise, et, par ces mystères qu'elle vient de vous offrir, accordez-nous la grâce d'user tellement des biens et des maux de cette vie, que les biens ne nous détournent pas de nos obligations, et que les maux servent à nous faire expier nos infidélités.

A L'ITE, MISSA EST.

Je viens d'assister au sacrifice de votre Fils, ô mon Dieu ! mais n'est-ce point, comme les Juifs, avec un cœur d'ennemi, pour vous faire outrage, au lieu de m'unir à lui pour apaiser votre justice? Que son sang me lave de cette iniquité même, si j'en suis coupable. Pardonnez-moi, Seigneur, les fautes et les négligences où je suis tombé durant une œuvre si sainte, et n'ayez égard qu'aux dispositions de la victime qui vient de vous être offerte.

PENDANT QUE LE PRÊTRE EST INCLINÉ DEVANT L'AUTEL.

Que le sacrifice que j'ai osé vous offrir, avec toute votre église, tout indigne que j'en suis, vous plaise et puisse attirer sur moi les plus abondantes effusions de vos miséricordes.

A LA BÉNÉDICTION DU PRÊTRE.

Que le Père, le Fils et le Saint-Esprit nous bénissent pour le temps et pour l'éternité.

PENDANT LE DERNIER ÉVANGILE.

Le Verbe était au commencement, il était en Dieu, il était Dieu. Dans la plénitude des temps, le Verbe s'est fait chair ; il a conversé parmi les hommes ; il a paru sur la terre, ce Fils unique du Très-Haut et Dieu lui-même, plein de grâces et de vérité. Il est venu, ce Dieu de bonté, nous éclairer, nous guérir, nous délivrer, nous donner la vie, nous sanctifier dans la vérité; et, après nous avoir rendus les enfants de Dieu dans le siècle présent, il a fait de nous avec lui et son Père céleste une même chose dans l'éternité. Que ce Verbe fait chair soit adoré des anges et des hommes. Qu'à lui soient la gloire et l'empire dans tous les siècles. Que les desseins du Père céleste sur nous, en nous donnant son Fils J.-C., s'accomplissent en nous. Ainsi soit-il.

APRÈS LA MESSE.

Je ne me séparerai point de vous, Seigneur, que vous ne m'ayez accordé quelqu'une de vos bénédictions célestes en J.-C. Après avoir vu votre Fils immolé sur votre autel, il me semble, ô mon Dieu! que je me sens plus embrasé d'amour, plus rempli de confiance, plus touché de mes péchés, plus animé de l'esprit de pénitence. Oui, Seigneur, me voici disposé à souffrir les différentes peines de mon état et toutes les croix de la vie. Me voilà tout prêt à vous sacrifier ce que je voulais me réserver à faire pour votre gloire et pour mon salut, ce que j'avais refusé opiniâtrement jusqu'ici. Conservez en moi, Seigneur, tous ces pieux sentiments et toutes ces bonnes volontés.
Ainsi soit-il.

6

VÊPRES

DU DIMANCHE

Deus, in adjutorium meum intende.
Domine, ad adjuvandum me festina.
Gloria Patri, et Filio, et Spiritui Sancto.
Sicut erat in principio et nunc et semper,
et in sæcula sæculorum. Amen.

PSAUME 109.

Dixit Dominus Domino meo : * Sede à dextris meis.

Donec ponam inimicos tuos : * scabellum pedum tuorum.

Virgam virtutis tuæ emittet Dominus ex Sion : * dominare in medio inimicorum tuorum.

Tecum principium in die virtutis tuæ, in splendoribus sanctorum : * ex utero antè luciferum genui te.

Juravit Dominus, et non pœnitebit eum : * tu es sacerdos in æternum secundum ordinem Melchisedech.

Dominus à dextris tuis : * confregit in die iræ suæ reges.

Judicabit in nationibus, implebit ruinas : * conquassabit capita in terra multorum.

De torrente in via bibet : * proptereà exaltabit caput.

Gloria Patri, etc.

Ant. Dixit Dominus Domino meo : * Sede à dextris meis.

PSAUME 110.

Confitebor tibi, Domine, in toto corde meo : * in concilio justorum et congregatione.

Magna opera Domini : * exquisita in omnes voluntates ejus.

Confessio et magnificentia opus ejus : * et justitia ejus manet in sæculum sæculi.

Memoriam fecit mirabilium suorum, misericors et miserator Dominus : * escam dedit timentibus se.

Memor erit in sæculum testamenti sui : * virtutem operum suorum annuntiabit populo suo.

Ut det illis hæreditatem gentium : * opera manuum ejus veritas et judicium.

Fidelia omnia mandata ejus, confirmata in sæculum sæculi : * facta in veritate et æquitate.

Redemptionem misit populo suo : * mandavit in æternum testamentum suum.

Sanctum et terribile nomen ejus : * initium sapientiæ timor Domini.

Intellectus bonus omnibus facientibus eum : ' laudatio ejus manet in sæculum sæculi.

Gloria Patri, etc.

Ant. Fidelia omnia mandata ejus : * confirmata in sæculum sæculi.

Psaume 111.

Beatus vir qui timet Dominum : * in mandatis ejus volet nimis.

Potens in terra erit semen ejus : * generatio rectorum benedicetur.

Gloria et divitiæ in domo ejus : * et justitia ejus manet in sæculum sæculi.

Exortum est in tenebris lumen rectis : * misericors et miserator, et justus.

Jucundus homo qui miseretur et commodat, disponet sermones suos in judicio : * quia in æternum non commovebitur.

In memoria æterna erit justus : * ab auditione mala non timebit.

Paratum cor ejus sperare in Domino, confirmatum est cor ejus : * non commovebitur donec despiciat inimicos suos.

Dispersit, dedit pauperibus, justitia ejus manet in sæculum sæculi : * cornu ejus exaltabitur in gloria.

Peccator videbit et irascetur, dentibus suis fremet et tabescet : * desiderium peccatorum peribit.

Gloria Patri, etc.

Ant. In mandatis ejus volet nimis.

Psaume 112.

Laudate, pueri, Dominum : * laudate nomen Domini.

Sit nomen Domini benedictum : * ex hoc nunc et usquè in sæculum.

A solis ortu usque ad occasum : * laudabile nomen Domini.

Excelsus super omnes gentes Dominus : * et super cœlos gloria ejus.

Quis sicut Dominus Deus noster : * qui in altis habitat, et humilia respicit in cœlo et in terra.

Suscitans à terra inopem : * et de stercore erigens pauperem.

Ut collocet eum cum principibus : * cum principibus populi sui.

Qui habitare facit sterilem in domo : * matrem filiorum lætantem.

Gloria Patri, etc.

Ant. Sit nomen Domini benedictum in sæcula.

PSAUME 113.

In exitu Israël de Ægypto : * domûs Jacob de populo barbaro.

Facta est Judæa sanctificatio ejus : * Israël potestas ejus.

Mare vidit et fugit : * Jordanis conversus est retrorsùm.

Montes exultaverunt ut arietes : * et colles sicut agni ovium.

Quid est tibi, mare, quod fugisti : * et tu, Jordanis, quia conversus es retrorsùm?

Montes exultastis sicut arietes : * et colles sicut agni ovium ?

A facie Domini mota est terra : * à facie Dei Jacob.

6**

Qui convertit petram in stagna aquarum : * et rupem in fontes aquarum.

Non nobis, Domine, non nobis : * sed nomini tuo da gloriam.

Super misericordia tua et veritate tua, nequando dicant gentes : * Ubi est Deus eorum?

Deus autem noster in cœlo : * omnia quæcumque voluit fecit.

Simulacra gentium argentum et aurum : * opera manuum hominum.

Os habent et non loquentur : * oculos habent et non videbunt.

Aures habent, et non audient : * nares habent, et non odorabunt.

Manus habent, et non palpabunt; pedes habent, et non ambulabunt : * non clamabunt in gutture suo.

Similes illis fiant qui faciunt ea : * et omnes qui confidunt in eis.

Domus Israël speravit in Domino : * adjutor eorum et protector eorum est.

Domus Aaron speravit in Domino : * adjutor eorum et protector eorum est.

Qui timent Dominum, speraverunt in Domino : * adjutor eorum et protector eorum est.

Dominus memor fuit nostri : * et benedixit nobis.

Benedixit Domui Israël : * benedixit domui Aaron.

Benedixit omnibus qui timent Dominum : * pusillis cum majoribus.

Adjiciat Dominus super vos : * super vos
et super filios vestros.

Benedicti vos à Domino : * qui fecit cœlum
et terram.

Cœlum cœli Domino : * terram autem dedit
filiis hominum.

Non mortui laudabunt te, Domine : * ne-
que omnes qui descendunt in infernum.

Sed nos qui vivimus, benedicimus Domino : * ex hoc nunc et usque in sæculum.

Ant. Nos qui vivimus, benedicimus Domino.

CAPITULE.

Benedictus Deus, et Pater Domini nostri
Jesu Christi, Pater misericordiarum, et Deus
totius consolationis, qui consolatur nos in
omni tribulatione nostra.

℟. Deo gratias.

HYMNE.

Lucis Creator optime,
Lucem dierum proferens,
Primordiis lucis novæ
Mundi parans originem.

Qui manè junctum vesperi,
Diem vocari præcipis,
Tetrum chaos illabitur,
Audi preces cum fletibus.

Ne mens gravata crimine,
Vitæ sit exul munere,
Dùm nil perenne cogitat,
Seseque culpis illigat.

Cœlorum pulset intimum
Vitale tollat præmium,
Vitemus omne noxium,
Purgemus omne pessimum.

Præsta, Pater piissime,
Patrique compar unice,
Cum spiritu paraclito,
Regnans per omne sæculum.
Amen.

CANTIQUE DE LA SAINTE VIERGE. Luc, 1.

Magnificat : * anima mea Dominum.
Et exultavit spiritus meus : * in Deo salutari meo.
Quia respexit humilitatem ancillæ suæ : * ecce enim ex hoc beatam me dicent omnes generationes.
Quia fecit mihi magna qui potens est : * et sanctum nomen ejus.
Et misericordia ejus à progenie in progenies : * timentibus eum.
Fecit potentiam in brachio suo : * dispersit superbos mente cordis sui.
Deposuit potentes de sede : * et exaltavit humiles.
Esurientes implevit bonis : * et divites dimisit inanes.
Suscepit Israël puerum suum : * recordatus misericordiæ suæ.
Sicut locutus est ad patres nostros : * Abraham et semini ejus in sæcula.
Gloria Patri, etc.

ANTIENNES A LA SAINTE VIERGE

Reine du ciel, réjouissez-vous, alleluia ; puisque celui que vous avez eu le bonheur de porter dans vos entrailles sacrées, alleluia, est ressuscité comme il l'avait dit, alleluia. Priez Dieu pour nous, alleluia.

℣. Seigneur, vous m'avez comblé de joie.

℟. Je célèbrerai vos louanges.

Regina Cœli lætare, alleluia ;

Quia quem meruisti portare, alleluia,

Resurrexit, sicut dixit, alleluia.

Ora pro nobis Deum, alleluia.

℣. Circumdedisti me lætitia, Domine ;

℟. Ut cantet tibi gloria mea.

PRIONS.

O Dieu ! qui avez bien voulu donner aux hommes une joie sainte par la Résurrection de votre Fils, Notre - Seigneur Jésus-Christ, faites, s'il vous plaît, qu'étant aidés des prières de sa sainte Mère, la vierge Marie, nous participions à la joie d'une vie éternelle ; par le même Jésus-Christ Notre - Seigneur. Ainsi soit-il.

OREMUS.

Deus qui per resurrectionem Filii tui Domini nostri Jesu Christi mundum lætificare dignatus es, præsta, quæsumus, ut per ejus genitricem virginem Mariam perpetuæ capiamus gaudia vitæ ; per eumdem Christum Dominum nostrum.

Amen.

Nous vous saluons, ô Reine ! ô Mère de miséricorde ! notre vie, notre douceur, notre espérance, nous vous saluons. Enfants d'une mère coupable, exilés sur la terre, nous crions vers vous, gémissant et pleurant dans cette vallée de larmes. O vous ! qui êtes notre avocate, nous vous supplions de tourner vers nous des regards pleins de miséricorde, et faites qu'après ce triste exil nous voyions Jésus, le fruit béni de vos entrailles, ô très-clémente ! ô très-bonne et très-douce Vierge Marie !

Salve, Regina, Mater misericordiæ, vita, dulcedo et spes nostra, salve. Ad te clamamus, exules filii Evæ, ad te suspiramus, gementes et flentes in hâc lacrymarum valle. Eia, ergò, Advocata nostra, illos tuos misericordes oculos ad nos converte, et Jesum benedictum fructum ventris tui, nobis post hoc exilium ostende, ô clemens ! ô pia ! ô dulcis Virgo Maria !

Nous avons recours à votre puissante protection, ô sainte Mère de Dieu ! Ne rejetez pas les prières que nous vous adressons dans nos nécessités ; mais délivrez-nous de tous les dangers auxquels nous sommes exposés, ô Vierge comblée de gloire et de bénédictions.

Sub tuum præsidium confugimus, sancta Dei Genitrix, nostras deprecationes ne despicias in necessitatibus nostris, sed a periculis cunctis libera nos semper, Virgo gloriosa et benedicta.

PRIÈRE DE SAINT BERNARD

Souvenez-vous, ô très-douce Vierge Marie ! que jamais on n'a ouï dire qu'aucun de ceux qui ont eu recours à votre protection, imploré votre assistance et demandé votre intercession, ait été abandonné de vous. Animé d'une pareille confiance, je cours à vous, Vierge des vierges et notre Mère : je me réfugie à vos pieds ; me voici en votre présence, gémissant sous le poids de mes péchés. O Mère du Verbe éternel, ne rejetez pas mes prières, mais rendez-vous-y propice et daignez les exaucer.

Memorare, ô piissima Virgo Maria ! non esse auditum à sæculo quemquam ad tua currentem præsidia, tua implorantem auxilia, tua petentem suffragia, esse derelictum. Ego, tali animatus confidentiâ, ad te, Virgo virginum, Mater, curro, ad te venio ; coràm te gemens peccator assisto ; noli, Mater Verbi, verba mea despicere ; sed audi, propitia, et exaudi.

TABLE DES MATIÈRES

———

Le Puy, imprimerie FREYDIER.

22?

www.ingramcontent.com/pod-product-compliance
Lightning Source LLC
Chambersburg PA
CBHW052125090426
42741CB00009B/1950